Alfred López

Ya está el listo que todo lo sabe de la Navidad

Con ilustraciones de **Marta Contreras**

© Alfred López 2019

Contacto
Email: libro@alfredlopez.info

Diseño de cubierta e ilustraciones: Marta Contreras
www.martacontreras.net | marta.contreras.agramunt@gmail.com

Edición, maquetación y diseño de interiores: Jose Antonio Menor

Fotografía del autor en contraportada: Esther Sánchez

Primera edición: diciembre de 2019
ISBN: 978-84-09-16252-9
Materia IBIC: GB
Depósito Legal: B-25930-2019

Índice

Presentación

Este ejemplar que tienes entre tus manos es la cuarta entrega de la saga de libros "Ya está el listo que todo lo sabe" y que, en esta ocasión he querido dedicar a la Navidad. Un periodo de celebraciones que va a medio camino entre lo lúdico y lo religioso y que alrededor de la misma existen numerosísimas tradiciones, curiosidades, personajes y hechos que valen mucho la pena conocer.

Por tal motivo me he decido a escribir y publicar este "Ya está el listo que todo lo sabe de la NAVIDAD", con el que pretendo que conozcas el origen de un gran número de cosas que existen alrededor de estas fiestas y que, posiblemente, desconocías de dónde procedían.

Un libro no demasiado extenso, para que te dé tiempo a leértelo en un breve espacio de tiempo (justo el que dura las fiestas navideñas).

Además, tanto por su tamaño como por su precio, es ideal para incorporarlo como uno de los regalos sorpresa tanto en la tradición del "amigo invisible" como en el resto de ocasiones en el que se hacen presentes navideños (Papá Noel, Reyes Magos…). También será un regalo ideal para entregar a tu cuñado, ese que todo lo sabe y que cada Navidad os cuenta las mismas cosas. Y, cómo no, también te servirá para que en tus reuniones familiares, de amigos o compañeros de trabajo tengas nuevas curiosidades que explicar relacionadas con las fiestas y que, muy probablemente, deje a más de una persona con la boca abierta.

También debo añadir que el cincuenta por ciento de las entradas de este libro es material inédito y no había escrito ni publicado sobre ello tanto en mis blogs como en mis diferentes colaboraciones como divulgador.

Espero y, sobre todo, deseo que disfrutes del contenido de este ejemplar, aprendas y te sorprendas mucho con él. Lo he escrito y publicado con mucho mimo, el mismo que le ha puesto Marta Contreras en todas y cada una de las ilustraciones que acompañan algunos de los textos y con quien colaboro desde mi primer libro.

24
16
1
6
13

¿Por qué se conoce como 'Adviento' a las semanas previas a la Navidad?

Muchos son los hogares en los que al llegar el mes de diciembre se realiza la tradición del «calendario de Adviento» en la que, hasta el día de Nochebuena (24 de diciembre), se va abriendo unas pequeñas ventanas (normalmente troqueladas) y en su interior guardan algún tipo de obsequio (que suelen ser dulces, chocolatinas o chucherías para los más pequeños de la casa).

No se trata de una tradición nueva, aunque internet y las redes sociales han ayudado a que se difunda esta costumbre y haya cogido una gran relevancia en los últimos años, siendo realizado por todo tipo de personas desde hace muchísimo tiempo.

Originalmente este calendario de Adviento no era para recoger un regalo diariamente sino que se usaba de forma inversa, eran aquellos creyentes que vivían de un modo especial su religiosidad quienes ofrecían un presente a Cristo en forma de vela y cada día que iba pasando encendían una nueva.

Cabe destacar que aunque actualmente suele iniciarse la costumbre del calendario de Adviento el día 1 de diciembre no es lo correcto. En realidad se debería empezar el primer domingo después de San Andrés (que cae en el 30 de noviembre).

El término Adviento proviene del latín 'adventus' y su significado literal es 'llegada', en referencia al nacimiento (llegada a la Tierra) de Jesús y a la preparación litúrgica (durante cuatro semanas) de la Navidad.

Tras el Adviento, que termina el 24 de diciembre, empieza otro periodo menos litúrgico y algo más lúdico que es conocido como los

«Doce días de Navidad» que abarca desde el 25 de diciembre (Día de Navidad) hasta el 6 de enero, coincidiendo con la «Epifanía de los Reyes Magos». Pero cabe destacar que en algunas ramas del catolicismo este periodo comprende entre la Nochebuena (24 de diciembre) y la víspera de Reyes (5 de enero).

¿Dónde se encendieron las primeras bombillas de Navidad?

Se trata de uno de los primeros motivos navideños que suele colocarse en las calles y comercios de muchas poblaciones. Al llegar primeros de diciembre numerosos son los lugares que hacen el encendido oficial de las luces de Navidad, dando el pistoletazo de salida al periodo de compras navideñas.

Las primeras luces de Navidad aparecieron tan solo tres años después de que Thomas Edison patentase la lámpara incandescente de filamento de carbono que con éxito comercializaría y que nosotros conocemos como bombilla (a pesar de que es de sobras conocido que el invento de la bombilla se lo debemos en realidad a Joseph Wilson Swan, aunque por largo tiempo se le atribuyó a Edison).

Pero fue el socio de Edison, Edward Johnson, quien el 22 de diciembre de 1882 decidió iluminar con lámparas incandescentes, que tenía en el almacén de la empresa, el árbol de Navidad que había colocado en el salón de su casa de Nueva York, sustituyendo las velas que hasta entonces se colocaban por 80 pequeñas bombillas, del tamaño de una nuez y que habían sido pintadas de rojo, blanco y azul, iniciándose de este modo otra de las tradiciones navideñas más populares.

Este particular hecho se pudo conocer gracias al periodista William Augustus Croffut quien aquella Navidad fue a visitar a Edward Johnson, quien vivía junto a la neoyorquina Quinta Avenida, y allí vio el árbol iluminado por bombillas que el vicepresidente de la Edison Company tenía en el salón, dando a conocer la noticia en el periódico 'Detroit Post and Tribune'.

Una década después ya eran muchos los hogares que decoraban sus árboles con lámparas incandescentes y en 1895, el Presidente de los Estados Unidos, Grover Cleveland, colocó en la Casa Blanca el primer árbol de Navidad adornado con un centenar de bombillas de colores.

¿Cuáles son los colores más usados o identificativos de la Navidad?

Seis son los colores que más se utilizan durante el periodo navideño, ya sea para ser usado en los ornamentos decorativos, como en la vestimenta:

El verde lo encontramos en la práctica totalidad de los árboles navideños, así como el acebo típico de la época, el musgo con el que se decora el pesebre o el muérdago que se cuelga. Este color representa la esperanza, así como la naturaleza y la vida.

El rojo aparece en la mayoría de las cintas y lazos que se cuelgan, así como formar parte del color del traje que viste Papa Noel. Representa el color de la sangre de Cristo, la generosidad y el amor divino.

El blanco es colocado en la decoración navideña emulando la nieve. Su significado está relacionado con la pureza, la luz, alegría y fe.

El dorado está cada vez más presente en la decoración navideña. La mayoría de estrellas que se colocan en el árbol son de color oro. También tiene una clara alusión a uno de los regalos que recibió en niño Jesús por parte de los Reyes Magos. Este color tiene relación con la prosperidad y la riqueza.

El azul celeste está relacionado con la Virgen María y a partir de la Edad Media fue incluido en la iconografía mariana. Este color representa el cielo.

El púrpura es utilizado sobre todo en la época de Adviento y en relación con las celebraciones litúrgicas, siendo de ese color las velas que se encienden durante ese periodo, así como la tela que cubre el altar de algunas iglesias durante las misas de esos días. Representa la unión entre el cielo y la tierra.

La cada vez más extendida tradición del 'Amigo invisible'

En las últimas décadas el realizar un regalo a alguien ocultando la identidad de la persona que hace tal presente se ha convertido en una de las tradiciones más extendidas cuando llega el periodo navideño.

Un grupo de amigos, familiares o compañeros apuntan el nombre de cada uno de ellos en papelitos, estos se depositan en una bolsa o bol y cada uno de los participantes va cogiendo uno sin mirar. El nombre que aparezca es el de la persona a la que le deberá hacer un regalo en la fecha acordada (día de la comida o cena de empresa o facultad, en Nochebuena, Navidad e incluso en Nochevieja o Año Nuevo). También se ha puesto muy de moda hacerlo en escuelas, centros sociales e incluso entre los residentes de un asilo, siendo los familiares o personal contratado quienes se encargan de comprar cada uno de los regalos que se repartirán anónimamente.

Eso si, para llevarse a cabo correctamente el «Amigo invisible» hay que cumplir ciertas normas, como no sobrepasar la cantidad estipulada como tope máximo (o mínimo) que debe costar cada regalo, no intercambiar entre participantes información sobre quién es la persona que ha tocado a cada uno ni cambiarse los papelitos (a no ser que a alguien le salga su propio nombre) y, sobre todo, guardar el anonimato y no decir a la persona a la que se le ha hecho el regalo quién ha sido su amigo o amiga invisible.

Muchas y variadas son las hipótesis sobre el origen del amigo invisible, que en cada lugar tiene una denominación diferente. En los países anglosajones y Francia se le conoce como «Secret Santa», «Manita-Manito» en Filipinas, «Engerl-Bengerl» en Australia, «Kris Kringel» en Irlanda, «Julklapp» en Alemania, «Noël canadien» en Quebec (Canadá), «Amigo secreto» en Portugal y Brasil, «Lootjes trekken» en los Países Bajos o «Pollyanna» en algunas zonas de Rusia, por poner unos cuantos ejemplos.

Hay quien indica que se originó a finales del siglo XIX, pero que nada tenía que ver con la Navidad, sino que era un presente que se realizaba a alguien y se decidía hacer de forma secreta. Muchos son quienes señalan que, sobre todo, las personas que recibían esos regalos anónimos estaban emparejadas o comprometidas y que el presente era realizado por algún admirador o persona que estaba secretamente enamorada.

Existen algunas fuentes que indican que probablemente se originase en Venezuela, en el que mujeres casadas recibiesen regalos anónimos por parte de admiradores secretos. Otros historiadores apuntan a que se originó en Estados Unidos, cuando una serie de personas de mayor poder adquisitivo decidieron donar dinero de manera altruista y anónima a personas necesitadas, a las que les hacían llegar secretamente sobres conteniendo algunos dólares que servirían para pasar una buena Navidad.

La tradición del Amigo invisible ha ido evolucionando con el paso del tiempo y actualmente se hace todo tipo de regalos, desde los culturales como libros (este ejemplar será un regalo ideal para tu próximo amigo invisible), pequeñas joyas, cosas inútiles o bizarras e incluso con connotaciones sexuales. Hay grupos que deciden que se realice cada uno a su libre criterio o, por el contrario, quienes prefieren que cada año todos los regalos sean de alguna temática concreta.

¿Sabías que en Inglaterra se prohibió la Navidad en el siglo XVII?

Oliver Cromwell quien lideró, a mediados del siglo XVII, la caída del rey absolutista Carlos I de Inglaterra con la intención de devolver las libertades que el monarca había quitado a la población civil. Pero este personaje acabó convirtiéndose en un desquiciado dictador, prohibiendo cosas tan mundanas como el poder tomarse una cerveza en domingo, cantar en acto públicos o celebrar la Nochebuena y la Navidad, convirtiendo esas jornadas en días laborables y obligando a abrir los negocios.

Cromwell era un puritano convencido, el ala más radical del protestantismo instaurado en Inglaterra un siglo antes, y quiso encabezar una cruzada contra todo aquello que creía que sobrepasaba los límites de la correcta conducta de aquellos que eran fervientes creyentes de Dios.

Tras derrotar a Carlos I y autonombrarse Lord Protector de la Mancomunidad de Inglaterra comenzó a dictar leyes contradictorias, ya que por un lado facultaba al pueblo de una serie de libertades que les había sido arrebatada por el rey déspota y absolutista, pero por otro se perseguía, torturaba y ejecutaba a todos aquellos que se acogían a las mismas (entre ellas la libertad de culto y conciencia, pero al mismo tiempo la persecución que se hizo a los señalados como blasfemos).

El Lord Protector llegó a creerse en el papel de ser 'el elegido de Dios' tan mencionado por Juan Calvino, padre de la Reforma Protestante, llevándolo a actuar como un caudillo que dictaba y legislaba en nombre del 'Creador'.

Estaba convencido de que la Navidad, y como tal su celebración, no era más que una prolongación de fiesta la pagana del «Sol Invictus», que en el siglo IV el emperador Constantino el Grande y el papa Julio I quisieron cristianizar, pero que nada tenía que ver con el natalicio de Jesucristo.

Pero la intención de prohibir la celebración de la Navidad no fue algo que se le ocurrió tras alzarse con el poder de la nación el 16 de diciembre de 1653, sino que ya llevaba gestándolo y proponiéndolo desde una década antes, cuando fue reelegido miembro del restituido Parlamento de Inglaterra, el cual había estado disuelto por el rey durante once años.

Su puritanismo lo llevó a estar convencido de que todo aquello que era divertido o digno de celebración era sinónimo de pecado y ejerció una obsesiva influencia hacia los ciudadanos para que éstos fuesen temerosos de la ira de Dios.

Así pues, hasta 1660 en el que se restituyó la monarquía a través de Carlos II, la Navidad, las comidas, cenas y reuniones familiares por tal motivo, la celebración de oficios religiosos esa fecha y el cantar villancicos estuvo prohibido y perseguido en toda Inglaterra durante los cinco años en que Oliver Cromwell se mantuvo al frente de la mancomunidad como Lord Protector (falleció en 1658) y el poco más de un año en el que su hijo Richard lo sustituyó.

¿Sabías que antiguamente era el 6 de diciembre el día que traía los regalos 'Papá Noel'?

Papá Noel, Santa Claus, Sinterklaas, Bonhomme Noël o San Nicolás son algunos de los muchísimos nombres que recibe el personaje horondo y bonachón que, en la víspera de Navidad, reparte regalos por los hogares de todo el planeta.

Todos ellos (aunque con distintos nombres) provienen de un solo personaje: Nicolás de Bari, un obispo católico que vivió entre los siglos III y IV en la región de Licia (actual Turquía) y del que surgieron varias leyendas que narraban sus milagros y bondades hacia las gentes más pobres y necesitadas.

Pero la costumbre de dejar regalos la víspera de Navidad es un hecho relativamente moderno (se inició a finales del siglo XIX) y originalmente el día que estaba destinado a ello era el 6 de diciembre.

Este día es cuando se celebra en el calendario católico la festividad de San Nicolás de Bari (también conocido como San Nicolás de Myra), coincidiendo con la fecha de su fallecimiento en el año 343.

Pero todo lo que se sabe sobre él, sus milagros y su transformación en el personaje que hoy en día conocemos, no empezó a realizarse hasta la Edad Media, tres siglos después de su muerte en el que se convirtió en un icono y los religiosos utilizaron su figura como ejemplo de bondad y generosidad cuando se dedicaron a evangelizar el catolicismo por Occidente.

Por tal motivo, recién iniciado el tiempo de Adviento (preparación litúrgica a la celebración de la llegada del Mesías) el 6 de diciembre, día de San Nicolás, era el escogido para recibir unos presentes y regalos.

Dependiendo del lugar esto podía llevarse a cabo en la víspera del día 6, ese mismo día por la mañana (durante el desayuno) e incluso a la hora de los postres. Momento en el que se abrían los regalos (tal y como se hace actualmente entre Nochebuena y el día de Navidad).

En algunos lugares como España, incluso se realizaba unas representaciones teatrales conocidas como «Fiesta del Zapato» (que era donde se dejaba originalmente los regalos) y que se originó en el siglo XVI bajo el reinado de Felipe II.

Cada país y cultura tenía sus propias costumbres y se conocía con un nombre distinto a este personaje, pero fue a finales del siglo XIX cuando se juntó la mayoría de todas esas tradiciones en una sola y se trasladó la tradición a la víspera de Navidad tal y como la conocemos hoy en día.

Cabe destacar que todavía hay numerosos lugares donde se sigue realizando la tradición de dejar los regalos de San Nicolás (Papá Noel, Santa Claus…) el 6 de diciembre como puede ser algunas regiones de la Península Balcánica, Alemania, Luxemburgo, Bélgica, Países Bajos, Francia, Italia, Polonia o Portugal.

La iluminada celebración del
'Día de las velitas' en Colombia

El 7 de diciembre, víspera de la festividad de la Inmaculada Concepción, en Colombia se da inicio al periodo navideño con una curiosa celebración que es conocida como el «Día de las velitas» (hay quien la llama «Noche de las velitas», al ser vespertina).

Consiste en iluminar todas las poblaciones del país utilizando velas y pequeños faroles hechos de papel (en la mayoría de las ocasiones artesanalmente). Pero no solo son encendidos en las calles, también en los propios hogares e incluso en los comercios.

Esta celebración sirve para rendir un homenaje a la Virgen María en el día que está marcado en el calendario como el del «Milagro de la Anunciación».

Las velas y faroles se encienden al anochecer del 7 de diciembre y tras la salida del sol se cuelga en las ventanas y los balcones o se izan banderas con la imagen de la virgen.

También se realizan numerosas actividades (dependiendo de cada región colombiana son diferentes) que pueden ir desde tradicionales ceremonias religiosas a festivales de música y danza, fuegos artificiales o procesiones.

En los últimos años se aprovecha esta fecha para realizar actos de carácter solidario, como recaudar fondos para los más necesitados y desprotegidos.

¿Cómo se convirtió la 'Flor de Pascua'
en una planta símbolo de la Navidad?

Este es otro de los elementos navideños que en su origen nada tenía que ver con tal celebración y que se convirtió en todo un símbolo al llegar estas fechas.

Conocida comúnmente como «Flor de Pascua», «Flor de Navidad» o «Poinsettia», esta planta, originaria de México, tenía un importante simbolismo para la cultura azteca, siendo utilizada como remedio medicinal y ofrenda para a sus Dioses. Fue en el siglo XVI cuando los frailes Franciscanos que se encontraban evangelizando a la población de Taxco de Alarcón (México) decidieron utilizarla como adorno floral durante las fiestas navideñas.

Pero a quien debemos su popularización y que llegase a adornar la práctica totalidad de los hogares durante la Navidad (además de convertirse en una costumbre obsequiarla en los días previos), fue al estadounidense Joel Roberts Poinsett, quien fue enviado por su amigo, el presidente John Quincy Adams, como embajador de los Estados Unidos en México (entre 1825 y 1829) y fue en uno de sus múltiples viajes que realizó por el país cuando se encontró con esta vistosa planta de hojas rojas que llamó poderosamente su atención.

El señor Poinsett, además de diplomático tenía la carrera de medicina y era un apasionado a la botánica, por lo que recogió unos esquejes de la planta y se los llevó consigo al invernadero que poseía en Greenville (Carolina del Sur) donde se dedicó a su cultivo y desarrollo. Se le ocurrió regalar esa planta a sus amistades por navidad (entre ellas a la ya ex Primera Dama, Louisa Adams) y así nació una entrañable tradición que cada vez fue cogiendo más fuerza.

Cabe destacar que en Estados Unidos el 12 de diciembre se celebra el Día Nacional de la Poinsettia, una festividad en conmemoración y recuerdo a la fecha en que falleció Joel Roberts Poinsett.

¿Cuál es el origen de las tarjetas navideñas?

Hoy en día la mayoría de nosotros nos felicitamos las fiestas enviándonos mensajes de whatsapp o dejando alguna nota junto a una imagen o GIF a través de nuestras redes sociales, pero hasta hace prácticamente una década lo propio era hacerlo enviando por correo postal una tarjeta navideña.

Esta costumbre se estuvo llevando a cabo durante algo más de un siglo y medio, aunque cabe destacar que durante los primeros cincuenta años fue algo realizado exclusivamente por las clases más pudientes de la sociedad.

Las tarjetas navideñas fueron inventadas en 1843 por sir Henry Cole, quien encargó a su amigo, el ilustrador John Calcott Horsley, que le dibujara una estampa típicamente navideña, con el propósito de llevarla a una imprenta para que le hiciera varias copias y, posteriormente, escribir en ellas unos breves deseos de felicidad, firmarlas y enviarlas por correo a familiares y amigos.

La postal navideña realizada por el dibujante representaba a una familia que brindaba por sus amigos ausentes. Como llegó a imprimir más tarjetas de las que necesitaba, vendió las restantes al precio de un chelín. La idea de Henry Cole pareció gustar a algunos sectores de la aristocracia británica que imitaron en los años posteriores la idea. Para 1862 ya se imprimían tarjetas navideñas de serie, convirtiéndose en un rotundo éxito. En 1893 la costumbre recibió la confirmación real cuando la Reina Victoria encargó 1.000 tarjetas a una imprenta y felicitó con ellas a todas las Casa Reales, aristócratas y personas afines a la monarquía británica. A partir de ahí la popularización de las mismas fue total, convirtiéndose en una de las costumbres que más personas realizaban al acercarse las navidades.

¿Por qué muchos mercados navideños se inauguran coincidiendo con el día de Santa Lucía?

Durante el conocido como puente de la Purísima son muchas las personas que aprovechan para colocar la ornamentación navideña en sus hogares y para ello echan mano de aquellos elementos que llevan guardados de años anteriores o se desplazan hasta algún mercado navideño.

Hoy en día encontramos que los puestos de esos mercadillos navideños ya están colocados desde principios del mes de diciembre, pero tradicionalmente se realizaba el 13 de diciembre, coincidiendo con la festividad de Santa Lucía (famosísima es la «Fira de Santa Llucia» que se celebra en Barcelona y que es colocada frente a la Catedral de la Ciudad Condal).

El hecho de que esos mercados coincidieran con dicha onomástica fue a raíz de la cristianización de las tradiciones paganas a partir del siglo IV.

Hasta entonces, coincidiendo con esta época se celebraban unos mercados previos a la celebración del Solsticio de Invierno y conmemoración de la festividad del Sol Invictus (sustituido posteriormente por la Navidad, tal y como te explico más detalladamente unas páginas más adelante).

Con la expansión del cristianismo se sustituyeron la mayoría de celebraciones paganas y el mencionado mercado previo al solsticio (con el que se compraban las provisiones de invierno) se reconvirtió en un mercadillo navideño.

Se escogió la fecha del 13 de diciembre por ser la efeméride del fallecimiento y martirio de Lucía de Siracusa, en el año 304. Esta fecha coincidía en el entonces calendario Juliano con el día del solsticio de invierno.

Hay quien sostiene que la fecha en la que debe empezar a colocarse los adornos navideños debería ser el 6 de diciembre, día de San Nicolás, del que te he hablado en la curiosidad anterior.

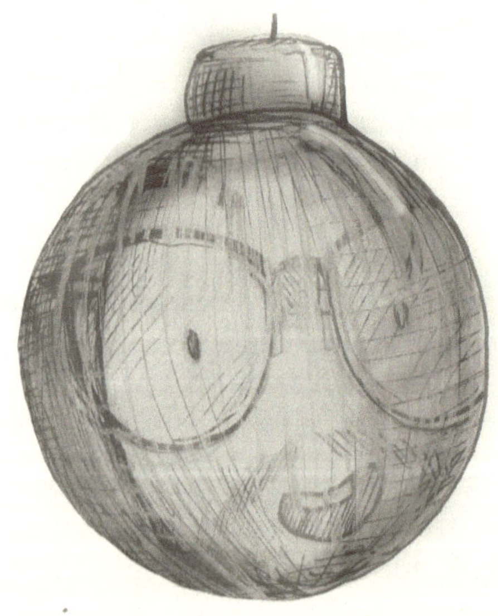

El curioso origen de las famosas felicitaciones navideñas por parte de los diferentes gremios de oficios

A inicios de la década de 1980 finalizaba una práctica que se había convertido en toda una tradición navideña: el recibir en todos los hogares la visita de alguno de los profesionales con los que las familias españolas estaban habituadas a tratar (el cartero, sereno, el policía municipal, el barrendero, la lechera o la modista del barrio…) quienes se presentaban ataviados con sus mejores galas y llevaban consigo una tarjeta con la que felicitaban las Pascuas y fiestas de Navidad.

Cada vecino gratificaba a estos empleados, que habían estado serviciales a lo largo de todo el año, con una propina conocida popularmente como «aguinaldo».

Muchas son las personas que creen (erróneamente) que esta costumbre nació durante el franquismo (posiblemente esta creencia surgió porque dejó de practicarse tras finalizar el periodo de dictadura), pero en realidad la tradición de pasar por las casas entregando una felicitación navideña tenía un siglo y medio cuando dejó de realizarse.

La primera constancia que se tiene es de 1831 (algunas fuentes indican que fue en 1832), año en el que los trabajadores del 'Diario de Barcelona' decidieron imprimir unas postales de felicitación para que fuesen entregadas en mano por los repartidores a los suscriptores de este periódico.

Parece ser que la idea de recibir una felicitación impresa por parte de los trabajadores del rotativo gustó a los lectores y estos lo agradecían mediante un aguinaldo. Esto animó a que décadas después los profesionales de otros oficios copiaran la original idea e hicieran lo propio (a finales del XIX y principios del XX raro era el oficio que no felicitase las fiestas de este modo).

Estas tarjetas de felicitación se caracterizaban por llevar una ilustración (en la década de 1890 empezaron a ser a todo color) que mostraba a un trabajador de un gremio concreto, con una leyenda que venía a decir: 'El ebanista les desea Felices Pascuas', 'El cartero les desea Feliz Navidad y Año Nuevo' o 'La pastelera felicita a usted las

Pascuas de Navidad' (por poner tan solo tres ejemplos). En el reverso de la postal se incluía una poesía que trataba sobre los servicios prestados por dicho profesional.

Por ejemplo la poesía en la felicitación del carretero decía así:

> Por fin llegó la Navidad
> que es la fiesta señalada
> primera en ser celebrada
> con pompa y felicidad.
>
> Hoy es del Señor el día
> en que con gozo debemos
> disfrutar cuanto podemos
> con gran placer y alegría.
>
> Que gocen, pues, con placer
> comiendo pavo y turrón
> deseamos de corazón,
> cumpliendo así nuestro deber.

Cabe destacar que a medida de que fueron adquiriendo popularidad estas felicitaciones también consiguieron que una parte de los habitantes de muchas poblaciones se opusieran a las mismas, debido a que cada vez eran más las visitas que se recibían por parte de diferentes gremios de trabajadores y siendo casi imposible ser generoso (a través del aguinaldo) con todos ellos.

Las mejoras salariales y de las condiciones laborales a finales de la década de 1970 (con la llegada de la democracia a España) hicieron que poco a poco fuera desapareciendo la costumbre de ir a felicitar las navidades casa por casa, quedando para el recuerdo aquellas postales navideñas.

¿Conoces las tradiciones de la 'Novena de Aguinaldos' y 'Las Posadas' que se celebran en Latinoamérica?

Muchas son las tradiciones y rituales que, al llegar los días previos a la Navidad, son realizadas y celebradas en muchos rincones del planeta. Cada país tiene sus propias costumbres y aunque en muchas de ellas existen ciertas similitudes, en cada lugar tienen su propia manera de realizarlo.

Entre el 16 y el 24 de diciembre se celebra en un gran número de países latinoamericanos un par de tradiciones que, a pesar de llamarse de diferente manera según el lugar, tienen muchas similitudes entre ambas. Me refiero a las conocidas como «Novena de Aguinaldos» y «Las Posadas».

En ambas, el denominador común es el de realizar una serie de oraciones a lo largo de nueve días (de ahí que una de estas celebraciones se llame 'novena'). Cada día, empezando por el 16 de diciembre, se reza una oración diferente, dedicadas a la Virgen María, San José y el Niño Jesús. También se realizan algunos canticos, se comen dulces y platos típicos del país.

Pero se trata de una celebración rutilante, debido a que cada jornada tiene lugar en un sitio diferente de la población. De ahí que también se denomine Las Posadas en algunos países, ya que trata de emular las nueve etapas del viaje realizado, entre Nazareth y Belén, de la Virgen María y San José.

Quienes celebran este tipo de festividad suelen ser agrupaciones vecinales, religiosas o de otro tipo, que se organizan entre ellas para escoger nueve calles, casas, templos religiosos (y un largo etcétera de lugares) donde se decora y cada día, a lo largo de nueve jornadas y hasta llegar la Nochebuena, llevan a cabo una de las novenas.

Entre las diferencias que existen respecto a la Novena de Aguinaldos y Las Posadas es que la primera suele tener un carácter más religioso y enfocado a la oración de los participantes, mientras que la segunda es algo más festiva (sin dejar de lado la religiosidad).

Los países en los que suele celebrarse cada una de ella son: México, Costa Rica, El Salvador, Guatemala, Honduras, Nicaragua y Panamá (Las Posadas); Colombia, Ecuador y Venezuela (Novena de Aguinaldos).

Cabe destacar que en Filipinas, a pesar de estar muy lejos del continente americano, también se realiza una celebración similar, entre el

16 y el 24 de diciembre, que es conocida como el «novenario», aunque la peculiaridad de la celebración en el país del sudeste asiático es que es de carácter estrictamente religioso (se realizan nueve misas) y es en horario nocturno.

El origen de este tipo de celebraciones proviene de los tiempos en los que se llevó la evangelización por todos estos lugares por parte de misioneros españoles, a partir del siglo XVI.

Los astronautas que comunicaron a la NASA que habían visto pasar el trineo de Santa Claus

El 15 de diciembre de 1965 se lanzó la nave 'Gemini 6', que formaba parte del programa espacial Gemini, con el que la NASA quería probar algunas maniobras de encuentro espacial, y para ello los astronautas de a bordo (el comandante Walter Schirra y el piloto Thomas Stafford) debían entrar en contacto con los de la nave 'Gemini 7', lanzada once días antes.

Unas cuantas horas después del lanzamiento del Gemini 6, cuando la nave ya se encontraba orbitando en el espacio, los astronautas Stafford y Schirra decidieron gastar una pequeña broma a sus compañeros del Gemini 7 y del centro de control de misión en Houston.

Tal y como establecieron el contacto, transmitieron a sus compañeros que acababan de ver un extraño objeto, parecido a un satélite, que iba dirección norte a sur, probablemente en órbita polar. Dijeron que habían detectado una especie de módulo principal y que frente a éste había otros ocho módulos más pequeños. Quien pilotaba el módulo principal iba vestido de rojo.

Acto seguido, ante la perplejidad de los tripulantes del Gemini 7 y el personal del centro de control empezaron a interpretar la melodía del villancico «Jingle Bells» interpretada por los propios astronautas con una armónica y unos cascabeles.

Esta pequeña broma pasó a la Historia como la primera vez que se interpretaba y retransmitía música desde el espacio.

¿Por qué se llama 'pesebre' a la representación navideña del nacimiento de Jesús?

Según todos los escritos que existen alrededor del nacimiento de Jesús (especialmente en las Sagradas Escrituras), se indica que éste fue alumbrado en el portal de Belén el cual era un establo en el que habitaban un buey y una mula.

La Virgen María, tras dar a luz al Mesías, depositó a éste en el comedero de los animales habilitándolo como cuna del recién nacido.

Y es precisamente ese comedero que se utilizó como cuna lo que le da nombre ya que «pesebre» proviene del latín 'praesēpe' y su significado original (y que tambіén se utiliza hoy en día en el mundo de la ganadería) es el de 'recipiente o cajón destinado a la comida de los animales' (ganado).

De ahí que cuando se monta dicha representación navideña (ya sea con figuras o personas) lo conozcamos con los términos: «belén», «nacimiento» o «pesebre».

Y ¿de dónde surge la tradición de montar el nacimiento?

Conocemos como pesebre navideño a la representación (normalmente con figuras) que se realiza al llegar diciembre y en la que se representa el nacimiento del Niño Jesús en el portal de Belén.

Por tal motivo es conocida con los términos «pesebre», «nacimiento» o «belén»; siendo, posiblemente, el primero el que más se utilice.

Según las Sagradas Escrituras, el portal de Belén donde nació Jesús era un establo en donde había un buey y una mula. La Virgen María, tras dar a luz al Mesías, depositó a éste en el comedero de los animales (pesebre) habilitándolo como cuna del bebé.

Muchos fueron los artistas que representaron a través de sus obras pictóricas y esculturas la estampa del momento y lugar en el que nació el niño Jesús; pero tal y como lo conocemos actualmente, con exposición de figuras que se realiza de cara a la Navidad para simbolizar el nacimiento, numerosas son las fuentes que señalan que se lo debemos a Giovanni di Pietro (más conocido posteriormente como San Francisco de Asís) quien en el año 1223 quiso realizar una recreación del «Misterio del Nacimiento» (con personas y animales reales) en una cueva cercana a la localidad de Greccio (en el centro de Italia). Eso sí, antes de llevarlo a cabo decidió pedir autorización a la Santa Sede, recibiendo el permiso del papa Honorio III.

Desde entonces, los monjes de la orden franciscana, creada por Giovanni di Pietro, lo convirtieron en una tradición navideña realizando la representación anualmente; pero el de San Francisco de Asís debemos considerarlo como el origen del «pesebre viviente», debido a que existen documentos y constancia de que un par de siglo antes (concretamente en el año 1021) se realizó una representación del Nacimiento con figuras inanimadas (arcilla o terracota) en la iglesia de Santa María de Nápoles y que fue en esta población italiana donde realmente nació la tradición pesebrista. De hecho, el nombre común de los belenes montados con figuras es conocido mundialmente como «pesebre napolitano» («presepe napoletano» en su idioma original) y puede decirse que alcanzó su mayor difusión entre las familias y creyentes de Nápoles, en el siglo XV, a través del religioso italiano Cayetano de Thiene (San Cayetano), quien trasladó la tradición desde las iglesias hasta los hogares, poniendo de moda montar un pesebre en las casas particulares.

A España llegó la costumbre de montar ese tipo de belenes durante el Renacimiento pero cuando realmente se popularizó fue hacia la segunda mitad del siglo XVIII, debido a que esta costumbre fue exportada desde Italia por el rey Carlos III de España (anteriormente nombrado también rey de Nápoles) y desde aquí se difundió por todas las colonias y posesiones de la Corona Española (América, Filipinas, islas en el Pacífico…) haciéndose inmensamente popular el montar un pesebre navideño coincidiendo con estas fechas.

¿Por qué en Navidad también se felicitan las 'Pascuas'?

Se conoce como Pascua a una de las celebraciones más importantes que existen en el calendario de tradiciones judías. Con ella se conmemora la liberación del pueblo judío del cautiverio de Egipto guiados por Moisés en el siglo XIII a.C.; dicha festividad tiene lugar a mediados del mes de Nisán, en el calendario hebreo (que viene a coincidir con el mes de marzo o abril en el calendario Gregoriano, de ahí que varíe cada año la fecha en la que cae la Semana Santa).

Y es que tiene mucho que ver esa fecha con la Semana Santa (también conocida como Pascua Florida o Pascua de Resurrección) debido a que, según los Evangelios, la Última Cena de Jesucristo con los Apóstoles se realizó coincidiendo con el 14 de Nisán (día en el que tradicionalmente las personas que profesan la religión judía realizan la cena con la que conmemoran la festividad de la Pascua –o liberación– que se inicia el día siguiente).

El término Pascua está fuertemente discutida por expertos y etimólogos. Por un lado tenemos a un gran número de ellos (y el propio judaísmo) que defienden que el vocablo proviene directamente del hebreo 'Pésaj' cuyo significado literal es 'pasar' (en referencia al paso del pueblo judío por Egipto), de ahí derivó al griego 'pasja' (πάσχα) y éste se transformó en el vocablo latino 'pascae' (ambos de exacto significado) que fue el que derivó al castellano Pascua. Por otro lado (entre ellos la RAE) señalan que deriva del latín vulgar 'pascuum' (lugar de pastos) el cual hacía alusión a la finalización de periodo de ayuno durante la Cuaresma.

El hecho de que naciera la tradición de felicitar la Pascua durante las fiestas de Navidad surge del simbolismo de la liberación judía y de la resurrección y nacimiento de Jesús (cabe destacar que originalmente Jesucristo era judío) haciendo una analogía de esas tres fechas.

Y es que debemos tener en cuenta que la mayoría de las conmemoraciones cristianas se basan en celebraciones cuyo germen eran las fiestas de otras religiones y culturas (por ejemplo la mencionada Pascua Judía o paganas de la antigua Roma e incluso Celtas).

Así pues, a partir de la Edad Media, una vez sustituidas todas las fiestas de otras culturas en el calendario católico, se comenzó a conmemorar (y felicitar) la Pascua Navideña (que va desde el 25 de diciembre al 6 de enero) como anuncio del nacimiento del Mesías, Epifanía (de los Reyes Magos) y de ahí saltar a la siguiente Pascua (en Semana Santa) con la crucifixión, muerte y resurrección de Jesús.

El Hanukkah no es la Navidad judía

Muchas son las personas que creen que la celebración judía del «Hanukkah» es el equivalente a la Navidad, pero esto es un error. Son dos fiestas religiosas muy distintas y que nada tienen que ver la una con la otra.

La Navidad es la celebración y conmemoración que desde el catolicismo se hace al nacimiento de Jesús, el hijo de Dios. Por su arte, el Hanukkah (también llamado «Festival de las Luces» o «Luminarias») conmemora la victoria de los Macabeos sobre los sirios y la rededicación del Segundo Templo de Jerusalén. Esta fiesta judía tiene lugar entre finales de noviembre y finales de diciembre, a lo largo de ocho días.

Parte de la confusión, para creer que el Hanukkah es la versión judía de la Navidad, viene de que ambas suelen coincidir en las fechas de celebración en algunas ocasiones. Así como las Navidades son en unos días fijos, el «Janucá» (como se recomienda escribir en español) se rige por el calendario hebreo, el cual es lunisolar (basándose tanto en las fases del Sol como las lunares) y, por tanto, no cae siempre en el mismo día del año hebreo (aunque muy cercano a la fecha correspondiente en el calendario gregoriano).

Otro de los motivos que lleva a la confusión de creer que la mencionada fiesta judía es sinónima a la Navidad cristiana es el lugar de origen de Jesucristo, quien nació en Belén y vivió en Nazaret y Jerusalén. Pero, curiosamente en estas poblaciones no se celebra de una manera oficial y festiva la Navidad debido a que en Israel el catolicismo es una religión minoritaria (alrededor del 2,5 % de la población).

Eso sí, a pesar de no ser la religión mayoritaria hay algunos lugares donde se vive la Navidad con una gran religiosidad y devoción. Por ejemplo en Nazaret sí que se puede encontrar el mayor número de cristianos y esta fecha se ha convertido en festiva. La población de Belén se encuentra en territorio palestino y aunque allí la mayoría de la población es musulmana, la celebración de la Navidad está muy arraigada, debido a que ese es el lugar en el que nació Jesús en un establo.

Por su parte, Jerusalén, a pesar de ser uno de los puntos de mayor peregrinación del mundo católico, no es festivo el día de Navidad. Eso sí, si visitas durante esas fechas ese país y te cruzas con una persona israelita que celebra la Navidad, para felicitarle las fiestas debes decirle 'Chag Molad Sameach' (חמש דלומ גח) que es la forma hebrea de decir 'Feliz Navidad' (siendo su traducción literal 'Feliz fiesta del nacimiento').

Cuando en la Alemania del Tercer Reich se publicó una guía que explicaba cómo debía celebrarse una perfecta Navidad nazi

Unas páginas atrás te explicaba la historia sobre cómo el puritano y fanático protestante Oliver Cromwell se erigió en 1653 como Lord Protector de Inglaterra y prohibió la Navidad. Estaba convencido de que era 'el elegido de Dios' y tenía el convencimiento de que esa celebración, no era más que una prolongación de la fiesta pagana del «Sol Invictus», que en el siglo IV había sido cristianizada por el emperador Constantino el Grande y el papa Julio I.

Tres siglos después, en la Alemania de Tercer Reich alemán, Adolf Hitler andaba en la misma línea de pensamiento respecto al poco cristianismo que tenían las Navidades, pero en lugar de prohibirlas se quiso modificar de tal modo que esas fiestas se convirtieran en una perfecta celebración nacionalsocialista, aportándole toda su simbología y extirpando aquel origen que tuviera vinculación alguna con el judaísmo (no debemos olvidar que Jesucristo nació bajo la religión Judía).

Para llevar a cabo la transformación nazi de la Navidad se daba una serie de instrucciones a los funcionarios del Reich para que estos la fuesen trasmitiendo e instruyeran a la población.

En 2014 se encontró en Dresde una guía, editada en noviembre de 1937, y que en sus veinte páginas explicaba, cómo debía celebrarse una perfecta y auténtica Navidad nazi. Entre los consejos que se daban estaba el sustituir la estrella del árbol y el ángel del pesebre por una esvástica.

También se aconsejaba cambiar las letras de los villancicos y añadirle en ellos mensajes que ensalzasen el espíritu del Tercer Reich y la raza aria.

Se permitía que en los días previos a las Navidades se anulasen las clases en los colegios y jardines de infancia y se sustituyeran por festivales en los que se interpretasen pequeñas obras de carácter navideño pero con un claro mensaje nacionalsocialista.

Respecto a la Virgen María, la señalaban como 'la madre de Alemania', el Arcángel Gabriel era un Dios Ario y los Reyes Magos dejaban de ser reyes para ser obreros y campesinos germanos que portaban presentes al Mesías encarnado en la figura de Adolf Hitler.

Dejando de lado la mencionada guía encontrada en Dresde, lo que sí que se ha sabido desde entonces es que el Tercer Reich desde sus inicios quiso poner una atención especial a las celebraciones navideñas. Los jerarcas nazis eran conocedores de que se trataba de una de las fiestas preferidas de la población y en los primeros años del Partido

Nazi en el gobierno quisieron ganarse las simpatías de los ciudadanos a través de fomentar la solidaridad en esas fechas.

Esta era una de las causas por las que se ponía todo el empeño para organizar cuadrillas de voluntarios que se dedicaban a repartir comida, ropa de abrigo y juguetes entre las familias más necesitas. Aprovechaban esas visitas para inculcar el mensaje nacionalsocialista e ir ganando adeptos a la causa.

También se tenía muy en cuenta el arraigo de la celebración de la Navidad en Alemania desde la antigüedad donde en el siglo VIII San Bonifacio se había encargado de evangelizar a los pueblos germanos y llevó la celebración de la fiesta cristiana, siendo el pionero (rescatando de una antigua costumbre Celta) en decorar el árbol de Navidad, cantar y orar alrededor de él (como te explico más detalladamente en la siguiente entrada).

Aunque se hizo un esfuerzo por 'descristianizar' la celebración para convertirla en una fiesta que adorase Dioses de la mitología germánica (entre ellos Odin) y simbología nazi, nada se pudo hacer tras comprobar el arraigo que tenía las navidades tradicionales en las familias alemanas, así que lo mejor era ir incluyéndole poco a poco nuevos símbolos afines al nazismo.

¿Cuál es el origen del árbol de Navidad?

Uno de los elementos que no suele faltar en casi ningún hogar, comercio o plaza principal de una población es el típico árbol de Navidad, decorado con sus guirnaldas, bolas y luces.

Hay varias teorías sobre cuál es el origen de este elemento tan significativo de la Navidad, pero la mayoría de expertos apuntan a que es la consecuencia de una antiquísima tradición que realizaban los Celtas, quienes con la llegada del solsticio de invierno realizaban una ofrenda a «Frey» (Dios del Sol y la fertilidad), adornando un árbol al que denominaban «Idrasil» (Árbol del Universo).

Según una antiquísima creencia germánica, era un árbol gigantesco el que sostenía al mundo y el que soportaba en sus ramas el peso de la luna, el sol y las estrellas –esto explicaría la costumbre de poner luces a los árboles–. Un árbol que era, además, el símbolo de la vida ya que, en invierno, cuando casi toda la naturaleza aparecía muerta, éste no perdía su verde follaje.

En el siglo VIII, el religioso Bonifacio (canonizado en santo tras su muerte en el año 754) fue enviado por el papa Gregorio II a evangelizar los países de Centroeuropa y al llegar a Alemania se encontró con la antigua tradición celta y la reconvirtió en una costumbre cristiana, decorando y dedicando un árbol al natalicio del Mesías.

Pero todavía tendría que pasar algo más de un milenio para que el árbol de Navidad (tal y como lo conocemos hoy en día) se popularizase. Fue a partir de 1840, cuando la Reina Victoria del Reino Unido contrajo matrimonio con el príncipe alemán Alberto de Sajonia, quien llevó hasta Inglaterra la costumbre de adornar un árbol.

Se podría decir que la Reina Victoria y su familia fueron unos auténticos «influencers» de su época, ya que toda aquellas costumbres que realizaban acababan siendo copiadas por el resto de ciudadanos británicos y por otras casas reales europeas.

¿Cuál es el origen del 'espumillón'?

Otro de los elementos imprescindibles utilizados para decorar durante la Navidad es el «espumillón» (también conocido como oropel o guirnalda).

Se trata de unas tiras brillantes, normalmente de vistosos colores, que están realizadas con un cordel o hilo con unas cintas que salen del mismo.

A pesar de que pueda parecer un elemento moderno, estas guirnaldas se originaron a principios del siglo XVII (la mayoría de fuentes apuntan que fue inventado concretamente en Nuremberg, Alemania, en 1610, aunque no citan quién fue su creador).

Inicialmente esas tiras debían adornar los árboles y exteriores de las casas con la intención de que pareciesen carámbanos de hielo o nieve, pero para darle un toque más navideño se realizaba originalmente con láminas de plata.

Con el tiempo fueron utilizados otros materiales como oro, plomo, cobre, aluminio, papel o en las últimas décadas han predominado los espumillones realizados con una película de cloruro de polivinilo (plástico PVC) recubierta con un acabado metálico.

¿Cómo se felicita la Navidad en otros idiomas del planeta?

No en todos los países y culturas del planeta se celebra las Navidades, pero esta fiesta es conocida mundialmente y en todos los idiomas existe un modo en el que felicitar la Navidad. Esto son unos cuantos ejemplos:

Afrikáans (Sudáfrica, Namibia): Geseënde Kersfees

Albanés: Gëzuar Krishtlindjen

Alemán: Frohe Weihnachten

Amárico (Etiopía): Melikam Gena! (መልካም ገና!)

Arameo: Eedookh Breekha

Bengalí (India): shubho bôrodin (শুভ বড়দিন)

Búlgaro: Vesela Koleda

Cantonés (China): Seng Dan Fai Lok (聖誕 快樂)

Catalán: Bon Nadal

Checo: Veselé Vánoce

Chichewa (Zambia, Malaui, Mozambique, Zimbabue): Moni Wa Chikondwelero Cha Kristmasi

Cingalés (Sri Lanka): Suba Naththalak Wewa (සුබ නත්තලක් වේවා)

Coreano: Seongtanjeol jal bonaeyo (성탄절 잘 보내요)

Croata: Sretan Božić

Danés: Glædelig Jul

Edo (República Federal de Nigeria): Iselogbe

Estonio: Rõõmsaid Jõulupühi

Euskera: Eguberri en

Feroés (Islas Feroe): Gleðilig jól

Finés (Finlandia): Hyvää joulua

Francés: Joyeux Noël

Gaélico (Irlanda): Nollaig Shona Dhuit

Gallego: Bo Nadal

Griego: Kala Christouyenna (Καλά Χριστούγεννα)

Groenlandés: Juullimi Pilluarit

Hawaiano: Mele Kalikimaka

Hebreo (Israel): Chag Molad Sameach (חמש דלום גח)

Húngaro: Boldog karácsonyt

Indonesio: Selamat Natal

Inglés: Merry Christmas

Italiano: Buon Natale

Iraquí: Idah Saidan Wa Sanah Jadidah

Letón: Priecīgus Ziemassvētkus

Lituano: Linksmų Kalėdų

Macedonio: Streken Bozhik

Malayo: Puthuvalsara Aashamsakal

Mandarín (China): Sheng Dan Kuai Le (圣诞快乐)

Maorí (Nueva Zelanda): Meri Kirihimete

Mongol: Zul saryn bolon shine ony mend devshuulye

Náhuatl (México): Cualli netlācatilizpan

Neerlandés: Vrolijk Kerstfeest en een Gelukkig Nieuwjaar!

Nepalí: Kreesmasko shubhkaamnaa (क्रस्मसको शुभकामना)

Noruego: God Jul og Godt Nyttår

Polaco: Wesolych Swiat Bozego Narodzenia

Portugués: Boas Festas

Rumano: Crăciun Fericit

Ruso: s rah-zh-dee-st-VOHM (С рождеством!)

Sánscrito (India): Krismasasya shubhkaamnaa

Somalí (Somalia, Yibuti): Kirismas Wacan

Tagalo (Filipinas): Maligayang Pasko

Tailandés: Suk sarn warn Christmas

Turco: Mutlu Noeller

Ucraniano: 'Веселого Різдва' Veseloho Rizdva

Vietnamita: Chúc mừng Giáng Sinh

Filipinas el lugar del planeta donde más tiempo dura el periodo navideño

Estamos acostumbrados a que el periodo navideño se inicie hacia principios de diciembre (aunque algunos lugares ya empiezan a colocar y encender el alumbrado a finales de noviembre) y que termine (dependiendo del sitio), entre la jornada siguiente al día de Reyes o, alargándolo mucho, hasta el 2 de febrero, festividad de la Candelaria (te explico todos los detalles sobre cuándo termina la Navidad en la última entrada de este libro).

Esto vendría a ser una duración de entre un mes y medio y algo más de dos meses.

Pero hay un lugar en el que la temporada de Navidad es donde más tiempo dura de todo el planeta: Filipinas. Y no es que en este archipiélago del sudeste asiático le hayan añadido un par de días más a las fiestas sino que su periodo navideño es de nada menos que cinco meses.

Sí, como has leído: cinco largos meses.

El periodo navideño filipino se inicia en septiembre, mes en el que ya se comienza a colocar los adornos, luces y empiezan a sonar algunos villancicos por los altavoces. Pero también se da inicio a todo el proceso religioso que dicha festividad conlleva.

Un 80 % de la población de Filipinas profesa el catolicismo como religión, siendo el porcentaje de practicantes muy alto. Esto lleva a que los filipinos vivan con mucha intensidad todo lo que son los preparativos como las propias celebraciones navideñas. Eso sí, con un fuerte carácter litúrgico.

Tras tres meses de preparativos, a mediados de diciembre (concretamente el día 16) tiene lugar el «novenario», nueve días dedicados a la oración realizando misas nocturnas, tal y como te he explicado unas entradas más atrás de este libro.

El día de Nochebuena, después de la cena, acuden todos los miembros de la familia a la Misa del Gallo, conocida comúnmente en Filipinas como «Misa del Aguinaldo». Esa misma noche, antes del mencionado oficio religioso, también tiene lugar el «Panunuluyan», que consiste en la teatralización del recorrido que realizó la Virgen María junto a San José por Belén antes del alumbramiento. Una pareja joven (cada año suele ser una distinta) se caracterizan como los padres de Jesús y van llamando a las puertas de distintas casas pidiendo hospedaje. El recorrido finaliza al llegar a una iglesia donde se celebrará la tradicional misa de Nochebuena.

El resto de días festivos se celebran del modo tradicional, pero con la connotación religiosa muy presente.

Otro de los detalles que se puede encontrar en la mayoría de los hogares filipinos es que en la ventana o puerta tengan colocado un farol o antorcha que simboliza la estrella que guio a los Reyes Magos hasta Belén y que es conocido como «Parol».

La noche de Fin de Año también es muy singular en Filipinas. El código de vestimenta para esa noche es llevar algo con lunares, ya sea la ropa interior, una camisa, vestido, pantalones, pañuelo o abrigo. La cuestión es llevar lunares y es que las circunferencias de estos son una analogía del dinero (redondas como las monedas) y el vestirlas, según la superstición, hace que en el nuevo año no les vaya mal económicamente. También es típico meterse unas cuantas monedas en un bolsillo y hacerlas sonar en el mismo momento en el que se entra en el nuevo año.

En Filipinas también tienen el día de los Reyes Magos ('Tatlong Hari' los llaman en tagalo, idioma de país), pero no traen los regalos la víspera del 6 de enero, sino que ya hace mucho tiempo se trasladó esta festividad al primer domingo del año. Durante todos los domingos de enero realizan algún tipo de celebración de carácter religioso, dándose por finalizado el periodo navideño al llegar el final de ese mes, donde solo faltaran siete meses para volver a ponerlo en marcha.

El importante peso que la Navidad tiene cada vez más en China

China es el país más poblado del planeta y el que tiene la mayor producción y exportación de materiales y productos navideños. De hecho, se calcula que el 75 % de todo lo que se utiliza durante la Navidad en todo el mundo (adornos, luces, guirnaldas, árboles de plástico…) es producción china.

En este país asiático, hasta hace muy poco tiempo, no se celebraba la Navidad ni había referencia alguna a esta en sus calles (tampoco ha sido ni es festivo), pero cuenta con 13 millones de ciudadanos que profesan el catolicismo y, por tanto, que celebran las navidades como una fiesta religiosa. Una cantidad que representa tan solo el 1 % de su población (teniendo en cuenta que China tiene una población que supera los 1.300 millones de habitantes).

A pesar de tratarse de una religión minoritaria y un volumen aparentemente insignificante de practicantes, la Navidad tiene un importante peso en el país asiático y cada vez son más las personas que, sin darle un sentido religioso a estas fiestas, han decidido sumarse a la celebración (evidentemente desde su aspecto más comercial y consumista).

Por tal motivo cada año va en aumento el número de establecimientos y grandes almacenes que, al llegar el mes de diciembre, colocan guirnaldas, árboles decorados y hacen sonar villancicos por sus altavoces. El más popular en China es «Noche de Paz», el cual lo han titulado como «Píng ān yè» (平安夜) y es cantado por numerosísimas personas.

También tienen su propia versión de Papa Noel, al cual llaman «Shèng dàn Lǎo rén» (圣诞老人) y que viene a traducirse como 'Viejo hombre de Navidad'.

La Navidad es llamada en china «Shèng dàn jié» (圣诞节) y desear Feliz Navidad a alguien se dice «Shèng dàn kuài lè» (圣诞快乐).

Una de las cosas que más se han puesto de moda en China, en los últimos años, al llegar el periodo navideño, es regalar una manzana en la víspera de Navidad. La Nochebuena es conocida como «Shèng dàn qián xī» (圣诞前夕).

Los grupos de amigos se reúnen esa noche, intercambian sus manzanas, llamadas «píngguǒ» (苹果) y que van envueltas en bonitos papeles de colores, decorados con motivos navideños. Cenan juntos y acaban la velada cantando con un karaoke.

Cabe destacar que el hecho de ponerse de moda el regalar manzanas la víspera de Navidad en China ha provocado que el precio de esta fruta se dispare durante esas fechas y una sola pieza pueda llegar a alcanzar en un comercio los 80 yuanes (10€), cuando el precio normal (fuera de la campaña de Navidad) es de 8 yuanes el kilo (1€).

Eso si. Dos de los lugares donde más presente está la Navidad son en Hong Kong y Macao. Ambos territorios forman parte de China (son regiones administrativas especiales de esta) pero a lo largo de varios siglos pertenecieron como colonias al Reino Unido y Portugal, respectivamente, motivo por el que muchísimos hongkoneses y macaenses celebran las navidades de modo occidental.

Algunos lugares del planeta donde celebran la Navidad en pleno verano

Tenemos asociados los conceptos del frío y la nieve con la Navidad y para algunas personas les es complicado imaginar unas fiestas navideñas con más de 30 grados, pasando calor, ataviados con un bañador y frente al mar en una playa.

Pero tenemos que tener en cuenta que, cuando llega el periodo navideño en la mitad del planeta que se encuentra en el hemisferio sur en esa época del año están en verano y, por tanto, la estación más calurosa del año.

Es tal la asociación de frío y Navidad que muchos de esos veraniegos lugares, cuando llegan las fiestas, adornas sus calles y hogares como si en invierno estuviesen, lanzando nieve artificial y montando pistas de patinaje.

Algunos lugares en los que se celebra la Navidad estando en la temporada estival son Brasil, Argentina, Chile, Uruguay, Sudáfrica, Australia o Nueva Zelanda (por poner unos pocos ejemplos).

En estos países podemos encontrar al típico Papa Noel que lleva su característico gorro junto a una floreada camisa, bermudas o bañador y unas chanclas.

Muchas son las playas en las que se hacen muñecos de arena que emulan a los de nieve.

La gastronomía navideña en estos lugares también suele ser diferente, predominando los platos fríos, ensaladas y cócteles.

Eso sí, en ninguno falta el típico árbol de Navidad, con sus bolas, guirnaldas y luces.

¿Cuál es el origen de la figura del 'Caganer' que se coloca en los pesebres catalanes?

El «caganer» es una popular figura del belén navideño indispensable en los nacimientos de Cataluña y que en los últimos tiempos se ha generalizado a otras partes de España, Europa y Latinoamérica.

Se trata de un pastor al que se representa agachado, con los calzones bajados, nalgas al aire y defecando.

El origen de esta figura es algo confuso y no hay una unanimidad entre los historiadores en situarlo en un lugar y momento concreto. Según el etnólogo y folclorista catalán, Joan Amades, el caganer (que se traduciría como «cagón») se remonta a finales del siglo XVIII, inspirado en un relieve de mármol del siglo XVII llamado «La Virgen y la montaña de Montserrat» en el que se representa a la Madre de Dios con el Niño Jesús y el macizo de Montserrat, con sus caminos transitado por personajes, entre los que se encuentra —escondido tras una revuelta y al amparo de un árbol— el caganer en plena faena.

Otros expertos lo sitúan también en el siglo XIV, pero señalan que se originó en Ille-sur-Têt (en catalán Illa de Tet) situado en el Rosellón francés (llamado por algunos 'Catalunya Nord') donde apareció esculpido en una piedra un personaje al que se le conocía como «cagaire» y que rápidamente se popularizó en la cultura y folclore catalán.

La tercera hipótesis sobre el origen del caganer (como figura del pesebre) se remonta al siglo XVII y aparece coincidiendo con un movimiento artístico-cultural en el que se reflejaba a través de dibujos en azulejos episodios de la vida cotidiana de los catalanes, donde se contaban breves historias e incluían algunos refranes. Parece ser que en una de esas baldosas se representaba a un pagès (campesino catalán) defecando.

Pero a pesar de lo escatológico del asunto y lejos de ser ofensivo o grosero, según la tradición y cultura, el caganer está devolviendo a la tierra lo que de ella procede, abonando la tierra del pesebre y haciéndola fecunda para el año siguiente. Por ello es considerado símbolo de salud y prosperidad y, en definitiva, de felicidad para la Navidad.

Si bien se representaba inicialmente como un pagès ataviado con su barretina (gorro típico catalán) actualmente se pueden encontrar de todas las profesiones y colores: policías, bomberos, ángeles, demonios, curas, futbolistas, ejecutivos, cantantes… y hasta el caganer internauta (con su portátil y a calzón bajado).

También —por aquello de la paridad entre sexos— se puede encontrar cada vez un mayor número de figuras representando a la «caganera» (cagona) y —por aquello de aumentar las ventas— algún «pixaner» (meón).

¿Cuál es el origen del aguinaldo navideño?

Cuando llega la Navidad muchos son los niños y niñas que se pasean de puerta en puerta por todo su vecindario cantando alegres villancicos en busca de una propina, comúnmente conocida como «aguinaldo».

Este presente (que suele ser monetario) también se ofrecía hace unas décadas a aquellos trabajadores que ofrecían algún tipo de servicio a la comunidad (carteros, serenos, barrenderos, porteros de fincas…) quienes unos días antes de Navidad se pasaban por las casas entregando una postal de felicitación y a cambio recibían la mencionado aguinaldo (tal y como te he explicado algunas páginas atrás).

Con los años incluso algunas empresas han denominado con el término aguinaldo a la «paga extraordinaria» que da a sus trabajadores en Navidad.

El hecho de dar una propina (o aguinaldo) a alguien –ya sea por realizar un trabajo o servicio público a lo largo de todo un año, como gratificación puntual- es antiquísimo y podemos encontrar que en la Antigua Roma ya se gratificaba a los súbditos, soldados o personal de servicio en vísperas del Solsticio de Invierno y la celebración de las Saturnales (una de las fiestas paganas más importantes de aquella época).

Donde hay ciertas divergencias es en el origen etimológico del término aguinaldo. La mayoría de expertos (incluyendo la RAE) señalan que dicho vocablo proviene de la locución latina «hoc in anno», cuyo significado literal es 'en este año' y hacía referencia, precisamente, a la gratificación que se daba al personal de servicio al finalizar la anualidad por los trabajos realizado a lo largo de todo aquel año.

La locución hoc in anno derivó en el castellano «aguilando» (muchas son las personas que así lo pronuncian) y con los años pasó a la forma aguinaldo.

Otro de los orígenes que se le da al término (y que es defendido por el lexicógrafo, de los siglos XVI y XVII, Sebastián de Covarrubias) son el arábigo «Guineldun» (regalar) de ahí pasó al griego «Gininaldo» (de idéntico significado) y derivando en «agimnaldo» y finalmente aguinaldo. Esta etimología está ampliamente discutida por la mayoría de expertos.

¿Cuál es el origen de la costumbre navideña de besarse bajo el muérdago?

Esta es una de esas tradiciones que muchas personas creen que es moderna y que, además, nos ha llegado desde los Estados Unidos a través de sus películas y telefilmes navideños, pero en realidad se trata de una tradición que ya se realizaba en la Europa Celta hace varios centenares de años.

Los antiguos celtas estaban convencidos de que el muérdago era una planta que tenía múltiples propiedades medicinales y los druidas la utilizaban para hacer ungüentos e infusiones para curar numerosas dolencias.

Era tal el fervor que procesaban hacia esta planta que en todas las casas se colgaba una rama de muérdago en el umbral de entrada, como un modo de atraer la buena suerte y la salud para todos aquellos que allí residían. Muchas eran la ocasiones en las que cuando alguien llegaba o se despedía lo hacía dándose un beso o abrazo bajo esa rama de muérdago y, con los años, quedó como una costumbre que fue utilizada por el cristianismo en las festividades navideñas (al igual que ocurrió con el árbol de Navidad).

El curioso rito y superstición navideña de algunas muchachas solteras de la República Checa

En la República Checa, al llegar el día de Navidad, se lleva a cabo un curioso rito por parte de algunas muchachas solteras y que proviene de una antigua superstición popular que lleva realizándose desde hace muchísimo tiempo.

Consiste en ponerse de espaldas a la puerta principal del lugar donde residen, sacarse un zapato y lanzarlo por encima del hombro y sin mirar hacia atrás. Después la joven debe darse la vuelta y comprobar cómo ha caído.

Si el zapato está con la punta mirando hacia la puerta eso quiere decir que, dentro del siguiente año, contraerá matrimonio. Si por el contrario, el zapato cae volteado o con la puntera señalando hacia el otro lado, esto augura un año más de soltería.

Aunque esta ceremonia es originaria y muy común en Chequia, podemos encontrar también que se realiza en otros lugares que pertenecieron, junto a este país centroeuropeo, al Imperio Austrohúngaro.

Otro rito que realizan las jóvenes de la República Checa (en este caso da lo mismo si están solteras o casadas) es el recibir un beso bajo el muérdago. Aquellas que sean besadas, según indica la superstición, tendrán garantizado el amor durante el año siguiente.

Pero para que esto sea efectivo deben cumplirse un par de reglas: la primera es que el ramo de muérdago no debe ser comprado por la mujer que desea ser besada, sino que tienen que habérselo regalado (no importa quién); la segunda condición indica que el beso nunca deber ser pedido sino que debe pillarla por sorpresa y cuando menos se lo espera.

Algunos ornamentos vegetales muy presentes durante el periodo navideño

Además de los mencionados «muérdago», «flor de Pascua» o el tradicional «árbol de Navidad», otros son los ornamentos de origen vegetal imprescindibles durante el periodo navideño, ya sea como un simple elemento decorativo como algo con una fuerte simbología litúrgica.

Y es que durante la mayor parte de la Historia, nuestros antepasados tenían que utilizar como artículos de decoración todo aquello que podían aprovechar de la naturaleza, de ahí que hoy en día todavía perdure la presencia de muchos de esos elementos.

El «acebo» ya era utilizado en numerosas celebraciones en épocas precristianas. Hoy en día muchos son los hogares que cuelgan unas ramas en la puerta de entrada, en el árbol, como centro de mesa o lo colocan junto al pesebre. Incluso en algunos lugares sirve como sustituto del muérdago. Ya en la antigüedad se le atribuía a esta planta unas propiedades mágicas y era muy común portar un ramo de acebo en ciertas celebraciones, como protector y ahuyentador de espíritus. Con la llegada del cristianismo y la sustitución de las fiestas paganas por religiosas, algunos elementos perduraron, como fue el caso del acebo, llegando hasta nuestros días.

La «hiedra» es común en la ornamentación de los centros de mesa en las comidas y cenas de Navidad. También se usa para colgar. En las antiguas culturas griegas y egipcias ya era utilizada, debido a que estaba considerada como una planta símbolo de la eternidad y la resurrección.

En las puertas de muchos hogares, durante la Navidad, se cuelga una «corona de laurel». Este simbolizaba el éxito y la fortuna; de hecho era lo que se entregaba a los ganadores de alguna competición en los juegos olímpicos de la antigüedad. El incorporarlo a las celebraciones navideñas fue para simbolizar el triunfo de Dios sobre el diablo.

Podemos encontrar «romero» esparcido por diferentes lugares de una casa. Esto es debido a que se le atribuye unas propiedades de

protección (sobre todo por parte de las personas devotas de la Virgen
María). Y es que, según relatan algunas leyendas, el romero era la
planta preferida de la madre de Jesús. Al ser una planta aromática,
también es muy utilizado el romero para dar sabor a algunos platos
navideños e incluso para colocarlo de adorno sobre la comida que se
ha servido en Nochebuena o Navidad (sobre el besugo, pavo,
cochinillo…).

¿Por qué en algunos hogares cuelgan un pepinillo en el árbol de Navidad?

Numerosísimas son las diferentes costumbres que existen a lo largo y ancho de todo el planeta y que están relacionadas con la Navidad. Algunas de ellas son muy comunes, pero en cada sitio (ciudad, país, comunidad, cultura…) tienen sus tradiciones propias y que no son tan famosas en otros lugares.

Por ejemplo el hecho de colgar un adorno en forma de pepinillo (incluso uno de verdad) en el árbol de Navidad.

Esto es muy típico en Estados Unidos (donde se le llama «Christmas pickle»), aunque muchos son los historiadores que indican de que se trata de una costumbre que fue importada por inmigrantes alemanes hacia finales del siglo XIX y que en el país germano era conocida como «Weihnachtsgurke» (sobre todo en los Estados de Baviera y Turingia).

La tradición consiste en esconder entre las ramas y otros adornos del árbol navideño un pepinillo y éste debe de ser encontrado por alguno de los niños que residen en la casa. No es fácil localizarlo, debido a que, tanto la pieza como las ramas, son prácticamente del mismo color.

El pequeño que logra dar con el pepinillo recibe un regalo adicional y se le augura todo el nuevo año de buena suerte. También hay familias que premian la pericia dejando que sea el primero en abrir sus regalos de Navidad.

Cabe destacar que en Estados Unidos es muy discutida la versión que señala el origen de la tradición en territorio germano, asegurando que la costumbre del Christmas pickle es totalmente estadounidense. Para ello se escudan en una vieja historia (más cerca de ser una leyenda urbana que un relato cierto) que explica que, en 1864, en plena Guerra Civil americana, fue apresado por los confederados un soldado, llamado John C. Lower, de ascendencia bávara y que se había alistado al ejército de la Unión. Según dicho relato, Lower estaba malherido y desnutrido, por lo que en la víspera de Navidad de aquel año pidió a uno de los guardias que lo custodiaban que le diera algo de comer, ofreciéndole éste un pepinillo. Tras finalizar la guerra fue liberado y, tras regresar a su hogar, cada Nochebuena colgó un pepinillo en el árbol como símbolo del alimento que le ayudó a sobrevivir, naciendo así la tradición.

'Christingle', la naranja decorada durante el Adviento y usada para adorar al niño Jesús

Tal y como explico en otras entradas de este libro, muchos son los países y culturas que viven el periodo navideño desde una perspectiva más religiosa y menos festiva. Para ello existen ciertos elementos muy vinculados a la Navidad y que quizá no son tan conocidos por la mayoría de personas, que celebran esas fiestas de un modo más desenfadado y consumista.

Uno de esos elementos litúrgicos de la Navidad es el «Christingle», el cual consiste en una naranja que es decorada y que se usa durante el periodo de Adviento para adorar la figura del niño Jesús. De hecho, la traducción literal del término en alemán es ese (Niño Jesús).

Aunque consta que la tradición del Christingle se inició en Moravia (Alemania), a mediados del siglo XVIII, cabe destacar que durante un tiempo quedó en el semi-olvido, volviendo a resurgir en 1968 en Inglaterra.

A la naranja (Christingle) se le introduce en medio una vela, es rodea la fruta con una cinta roja y se le clavan cuatro pinchos (que suelen ser palillos) en los que van ensartadas varias frutas escarchadas.

Todo ello tiene en su conjunto un significado de fuerte carácter religiosos y de adoración a Jesús: La naranja representa el mundo; la vela es 'la luz del mundo', como representación de Jesús; la cinta roja es su sangre y los pinchos con frutas ensartadas representan los frutos de la tierra y a las cuatro estaciones del año.

Originalmente (en el siglo XVIII) en el Christingle no se le pinchaba los palillos y esa fue una aportación moderna cuando reapareció la tradición a finales de la década de 1960.

¿Cuál es el origen e historia de la Lotería de Navidad?

El primer sorteo se celebró el 18 de diciembre de 1812 y en su origen recibió el nombre de «Lotería Moderna» para diferenciarla de la lotería Primitiva (creada el 1763).

Este sorteo fue pensado como un eficaz medio de aumentar los ingresos del erario público sin ser un quebranto para los contribuyentes, tal y como ideó su creador, el ministro de la Cámara de Indias, Ciriaco González Carvajal.

Empezó a llamársele, de manera no oficial, «Sorteo de Navidad» a partir de 1892 y cinco años más tarde esa denominación ya aparecía en los billetes de lotería.

Durante el primer siglo en vigencia de la Lotería de Navidad, los números (que no eran bolas, sino estaban impresos en papeles) eran cantados uno por uno tal y como se hace en un sorteo ordinario (unidades, decenas, centenas, unidades de millar...).

No fue hasta 1913 en el que se comenzaron a utilizar los bombos y las bolas de madera con la numeración completa en cada una, tal y como sigue realizándose hoy en día.

¿Cuál es el motivo por el que el besugo es el plato estrella en la cena de Nochebuena?

Desde hace unos años los platos que se sirven en los hogares, a lo largo y ancho de España, son variadísimos y podemos encontrarnos una mesa repleta de mariscos y canapés, cochinillo asado, pavo relleno, cordero al horno, cabrito o el tradicional besugo (que puede ser cocinado de numerosas maneras).

Y es precisamente este pescado el que ha sido, a lo largo de gran parte de la Historia, el plato estrella de la Nochebuena.

Todos los demás se han ido incorporando a la cena del 24 a lo largo del último siglo (algunos son de reciente incorporación), pero el besugo es del que se tiene numerosas referencias de haberse servido durante la Nochebuena varios siglos atrás.

El motivo es por el sentido religioso que se le daba a la celebración de ese día, que al ser la vigilia del día de Navidad la carne quedaba exenta del menú y se optaba por cenar pescado, siendo el besugo uno de los más sabrosos que se podía encontrar durante la temporada de invierno.

A pesar de que las costumbres han cambiado enormemente desde hace unos cuantos años, numerosísimos son los hogares que han querido seguir manteniendo ciertas tradiciones, como la de cenar besugo en Nochebuena, aunque a sus menús les hayan incorporado nuevos platos, entre ellos de carne.

¿Cuál es el origen de la 'cesta de Navidad'?

Unos días antes de la llegada de las fiestas navideñas es costumbre de muchas empresas obsequiar a sus empleados o clientes con una cesta (también llamado lote) compuesta de diversos productos (la mayoría para consumir durante esas fechas).

Aunque el concepto de «cesta de Navidad», tal y como lo conocemos hoy en día, es relativamente reciente (se empezó a entregar junto a las gratificaciones navideñas o paga extra a partir de la segunda mitad del siglo XX), podemos encontrar que hace un par de milenios ya existía la costumbre de agasajar a los súbditos que habían estado al servicio de un patrón durante todo el año con un aguinaldo que podía ser con dinero en metálico o bien en especies (como alimentos para pasar parte del invierno que se avecinaba). Esto solía realizarse los días previos al Solsticio de Invierno y la celebración de las Saturnales, la fiesta más importante en la Antigua Roma.

Entre las diferentes gratificaciones que realizaban los patronos estaba la «sportula», una cesta de comida y víveres que se entregaba a los clientes. Ojo, el término 'cliente' en la Antigua Roma no tenía el mismo significado que le damos actualmente (persona que compra en un comercio o requiere de los servicios de un profesional) sino que era un vocablo utilizado para referirse a los ciudadanos que se ponían al servicio de los patrones.

Estos clientes se encargaban de realizar recados y encargos (no eran sirvientes ni esclavos) y uno de sus cometidos era el ir cada mañana a despertar al patrón y desearle los buenos días («salutatio matutina»). Por decirlo de algún modo, se encargaban de rendirles pleitesía, regalarle los oídos con adulaciones o simplemente hacerles la pelota. A cambio recibían la mencionada sportula. Cada cliente tenía varios patrones a los que atendía, así que la recolecta de productos era diversa y les ayudaba a subsistir gran parte del invierno con ello.

Cabe destacar que en los países anglosajones existe la costumbre del «boxing day», la cual consiste en hacer regalos y donaciones a las personas más necesitadas en 26 de diciembre y los presentes suelen ser en forma de comida, ropa, juguetes o dinero. Te lo explico más detalladamente unas curiosidades más adelante.

Si en Nochebuena te cruzas con un oso que está bailando por las calles de Rumanía es señal de buena suerte

Dentro de las extrañas tradiciones que hay alrededor del mundo, durante el periodo navideño, el que tiene lugar en Rumanía es uno de los más curiosos y divertidos.

Resulta que los osos han estado considerados a lo largo de muchos siglos como un animal sagrado en este país. Esta es una creencia que proviene de tiempos precristianos, en la que, según indicaba la tradición, si se conseguía hacer bailar a un plantígrado, durante las celebraciones del solsticio de invierno, éste ahuyentaría los malos espíritus.

Con el paso de los siglos, y tras unificarse fiestas paganas con las religiosas, se mantuvo la figura del oso danzante muy arraigada en la cultura y costumbres rumanas y, de hecho, el acto de hacer bailar a un oso amaestrado se convirtió en uno de los números preferidos del público que asistía a los espectáculos ambulantes zíngaros (gitanos centroeuropeos).

Al llegar la Navidad muchas eran las poblaciones rumanas (sobre todo en la región de Bucovina) en las que se instalaba un circo ambulante y siendo la sesión de Nochebuena una de la que más público congregaba. Por tradición quedó muy arraigada la creencia de que aquellas personas que acudían y podían ver al oso bailando tendrían buena suerte para el resto del año.

Por tal motivo y con el paso del tiempo, dicha tradición fue evolucionando y hoy en día podemos encontrar una divertida y a la vez que curiosa costumbre que realizan niños y jóvenes rumanos a lo largo de los días que dura la Navidad: se disfrazan de osos (la mayoría con pieles y cabezas auténticas) y recorren las calles y casas bailando, a la espera de que les den el aguinaldo (al igual que en otros países hacen el recorrido cantando villancicos). Muchas son las personas que, tras recibir la visita de estos curiosos osos danzantes, los invitan a entrar a sus casas para que bailen dentro y, de ese modo ahuyentar los posibles malos espíritus que pueden haber y les traiga un prosperidad y buena suerte para el nuevo año.

La tregua de Navidad de 1914 [Cuando la IGM se paró para celebrar la Nochebuena]

En la noche del 24 de diciembre de 1914, miembros de los ejércitos del Imperio Alemán y británico decidieron de una manera espontánea parar durante unas horas el intercambio de tiros entre ambas trincheras en plena Primer Guerra Mundial.

Este acto (declarado como 'no oficial') ha pasado a la Historia como «la tregua de Navidad de 1914».

Según las crónicas, parece ser que en los prolegómenos de esa fría Nochebuena empezó a florecer un sentimiento de nostalgia y añoranza entre los soldados que se encontraban atrincherados cerca de la población belga de Ypres. Los alemanes comenzaron a adornar un árbol cercano y encendieron unas velas alrededor de él, seguidamente cantaron alguna que otra típica canción de Navidad germana, acompañándola de unas oraciones. Esto hizo que los soldados británicos se animasen a cantar villancicos populares y se estableciera un emotivo vínculo cuando ambos bandos aunaron sus voces para cantar al unísono.

Ningún mando dio permiso ni la orden de poner en marcha una tregua, pero de forma espontánea comenzaron a salir de sus trincheras los de uno y otro bando y a juntarse en «tierra de nadie» (la franja de terreno entre ambas trincheras).

A partir de aquí son centenares las historias que han surgido respecto a lo que realmente pasó, existiendo muchas de ellas que son pura invención. La mayoría de fuentes fiables indican que hubo un intercambio de saludos y regalos (chocolatinas, cigarrillos…), se mostraron los unos a los otros fotos de sus respectivas familias, bromearon e hicieron chistes (sobre los franceses) y espontáneamente alguien sacó un balón con el que se jugó un partidillo de fútbol.

Hasta hace poco se había tenido el convencimiento de que dicha tregua y el partido disputado entre ambos bandos era algo que había surgido espontáneamente tras esa confraternización con motivo de la

Navidad, pero la aparición de una carta escrita por un soldado británico llamado Willie Loasby, y que envió a su madre el 27 de diciembre de ese mismo año, parece ser que cambia las cosas, ya que en la misma explica cómo se organizó y planeó ese fraternal encuentro futbolístico con varios días de antelación.

El origen del institucional Mensaje Navideño de Nochebuena

Cada país tienes su propia fecha en la que el Presidente o Jefe del Estado correspondiente se dirige a los ciudadanos a través de la televisión para dar su tradicional mensaje institucional de Navidad. En España es costumbre que el rey, Felipe VI, lo realice el 24 de diciembre, Nochebuena, a las 21 horas.

El primer mensaje de este tipo fue pronunciado por el rey Jorge V del Reino Unido en las navidades de 1932 y lo hizo a través de la cadena de emisoras de radio que la BBC tenía repartida por toda la Commonwealth. Fue un mensaje con el que quiso dirigirse a todos los [...] hombres y mujeres que están tan aislados por la nieve y por los desiertos, que sólo los pueden alcanzar las voces por el aire[...], tal y como expresó.

Cabe destacar que este mensaje fue el que aparece reflejado en la película «El discurso del Rey».

Un año después, en 1933, el presidente estadounidense Franklin D. Roosevelt también hizo lo propio desde la Casa Blanca, pero no fue hasta 1939, tras el inicio de la Segunda Guerra Mundial, cuando Roosevelt lo dio por primera vez a través de la televisión y el resto de mandatarios lo copiaron.

El curioso origen de las galletas del 'Hombre de jengibre'

La costumbre de degustar en España las míticas galletas de jengibre, hechas con forma de muñeco, es relativamente reciente, siendo una de esas antiguas tradiciones que se celebraban en otros puntos del planeta y que han acabado incorporándose a las celebraciones españolas.

Consta que la masa para realizar pan de jengibre (de la que posteriormente surgieron las galletas) se originó en Grecia a finales del siglo X y fue un monje, llamado Gregory de Nicopolis, quien llevó la receta hasta el centro de Europa en su peregrinación para evangelizar en el norte de Francia. El pan de jengibre se hizo inmensamente popular y fue llevado hacia otros puntos del continente a lo largo de los siguientes siglos.

La mayoría de historiadores coinciden en señalar que el origen de las galletas de jengibre con forma de muñeco surgió en la Inglaterra del siglo XVI y, concretamente, en la corte de la reina Isabel I. Parece ser que, al llegar el periodo navideño, la soberana mandaba realizar a sus cocineros unas galletas con masa de pan de jengibre y que representaban a algunos de los ilustres invitados que, por aquella época, visitaban a la monarca y que ésta les entregaba como presente.

La costumbre de regalar a las visitas unas galletas de jengibre con forma de muñeco se convirtió en toda una tradición navideña y, posteriormente, adoptó otras formas (por ejemplo de árbol navideño) e incluso se incorporó a otras festividades (como Halloween).

Alrededor de las galletas del «Hombre de jengibre», como son popularmente conocidas, se han escrito numerosísimos cuentos y ha sido protagonista de cortos y algunas películas de carácter navideño.

¿Sabías que en Japón un gran número de personas celebran la Nochebuena cenando pollo del restaurante 'Kentucky Fried Chicken'?

En Japón, a pesar de ser un país en el que la presencia de católicos es minoritaria (menos de 0,5 % de la población), hay una gran tradición navideña.

Muchas son las poblaciones (especialmente ciudades grandes, como Tokio) que se engalanan y adornan sus calles con llamativas luces navideñas, árboles con bolas y guirnaldas y hacen sonar villancicos por sus potentes altavoces, aunque cabe destacar que una de las piezas que más suena y se interpreta durante esas fechas en Japón es la Novena sinfonía de Beethoven. Esta pieza musical allí es conocida como «Daiku» y no se sabe a ciencia cierta por qué, pero tiene enloquecidos a los nipones durante el periodo navideño.

Evidentemente la Navidad para ellos no deja de ser un motivo comercial y consumista (como cada vez lo es más en occidente) y no le dan a esas fiestas ningún componente religioso. Tampoco es festivo esos días, por lo que los ciudadanos nipones hacen su vida normal durante esa época, pero acompañados de toda la parafernalia navideña.

Pero uno de los datos más curiosos sobre la Navidad en Japón es que, desde hace cuatro décadas, se ha convertido toda una tradición el comer en esa fecha pollo que ha sido adquirido en uno de los más de mil restaurantes que la cadena «Kentucky Fried Chicken» tiene repartidos por el País del Sol Naciente.

El 24 de diciembre hay largas colas (de varias horas de espera) para adquirir uno de los combos de pollo frito de KFC y miles las personas que, con meses de antelación, hacen una reserva para cenar en uno de esos locales el día de Nochebuena.

Esta curiosa costumbre empezó a partir de 1974, año en el que KFC lanzó una campaña publicitaria (a través de vallas, televisión, prensa impresa y radio) en el que su eslogan era «Kurisumasu ni wa kentakkii!» (¡Kentucky para Navidad!), animando a los visitantes no japoneses, que en aquel país debían pasar las fiestas navideñas, para que comieran de su pollo. El motivo es el siguiente:

Todo parece indicar que la idea de dicha campaña surgió poco antes, a inicios de la década de 1970, cuando un ciudadano estadounidense, que le tocó pasar la Nochebuena en Tokio, se acercó hasta uno de los restaurantes que la cadena KFC tenía en el barrio de Aoyama y pidió una ración del pollo crujiente, mientras le comentaba al encargado del local que aquella comida era lo más parecido al pavo que hubiese cenado esa noche en su hogar a miles de kilómetros de allí. El gerente del restaurante transmitió el comentario del cliente a uno de sus superiores y en 1974 se lanzó la mencionada campaña.

Hoy en día hay todo un merchandising alrededor de la campaña navideña de KFC, realizando combos especiales para esa fecha que contiene piezas de pollo, tarta y una botella de champán. Además de aparecer la figura del mítico «coronel Sanders» (creador de la cadena de restaurantes) ataviado con un traje y gorro de Papa Noel.

'Consoada', la tradición portuguesa de poner un cubierto de más en la mesa de Nochebuena

Portugal es otro de los países en los que se vive y celebra la Navidad de un modo muy especial, mezclando el aspecto más festivo de esas fechas con la solemnidad y carácter religioso de la celebración.

Muchas son las cosas que hay en común entre las navidades españolas y portuguesas, pero también algunas tradiciones que son diferentes y estrictamente de cada país.

Entre ellas podemos encontrarnos que el menú de los lusos difiere bastante del de los españoles, empezando por el bacalao cocido que es el plato estrella de la cena de Nochebuena junto al pulpo guisado y de postre las típicas «rabanadas» (un dulce muy similar a las torrijas).

En Portugal la cena de Nochebuena es conocida como «Consoada» (un término que proviene del latín 'consolata' y cuyo significado es consolar) y en la misma se realiza una curiosa tradición en muchos hogares: dejar un puesto libre en la mesa (con los correspondientes cubiertos y platos puestos).

Esta costumbre que se realiza de norte a sur del país e incluyendo las islas, tiene un significado distinto en cada lugar.

Para algunos el dejar un sitio libre durante la consoada es para que los fallecidos a lo largo del último año puedan celebrar su última cena de Nochebuena con sus familiares; otros lo hacen pensando en que sus familiares fallecidos al acudir a esa cena se llevaran consigo a los posibles espíritus malignos que habiten en la casa y así tener un año favorable; hay quien piensan que los Ángeles custodios de Jesús son extremadamente golosos y acudirán a comer los numerosos dulces que se sirven aquella noche.

Otra cosa que se realiza en Nochebuena es irse a dormir sin haber quitado de la mesa los restos de cena que han sobrado. De este modo (según la creencia) acudirán las almas que se encuentran en el purgatorio para alimentarse de las sobras de la consoada.

La tradicional 'Misa del Gallo' que se celebra en Nochebuena

Cada Nochebuena, al llegar la medianoche, muchas son las personas que van a su iglesia para acudir a la «Misa del Gallo».

Esta tradicional ceremonia religiosa, dedicada al nacimiento de Jesús, se le debe al papa Sixto III quien, en el siglo V, instauró la costumbre de celebrar una misa de vigilia nocturna en la medianoche del día de celebración del nacimiento del Mesías, tras la entrada al nuevo día (Navidad), en el «ad galli cantus» (al canto del gallo).

El ad galli cantus se refería al momento en el que empieza el nuevo día y que, según las antiguas tradiciones romanas, éste comenzaba en la medianoche con el canto del gallo, de ahí su nombre.

Al menos esta es la opinión que tienen la mayoría de expertos, aunque podemos encontrarnos otras versiones como quien dice que se llama así ya que la venida al mundo del Mesías fue anunciada por el canto de un gallo que se encontraba junto al establo.

También hay quien apunta que el nombre de la Misa del Gallo tiene su origen en la celebración de ésta en la «Basílica de S. Petrum in Gallicantum» (San Pedro en Gallicantu) de Jerusalén.

Otra teoría, poco fundamentada, es la que sostiene que el nombre se debe a que, antiguamente, en algunos países el menú de la cena de Nochebuena estaba compuesto por un gallo asado.

El origen de Papá Noel

Se conoce como Papá Noel, Santa Claus o San Nicolás, pero en el fondo es el mismo personaje. Su origen lo encontramos en Nicolás de Bari, un obispo católico que vivió entre los siglos III y IV en la región de Licia (actual Turquía) y alrededor de quien surgieron una serie de leyendas, entre ellas una que decía que hizo un acto de caridad al dejar dinero para la dote de tres jóvenes que pretendían casarse pero que pertenecían a una familia sumamente pobre.

Este religioso fue canonizado, pasando a ser conocido como San Nicolás de Bari, y venerado en gran parte del centro y norte de Europa. Uno de los países donde se le adoptó como uno de los santos favoritos fue en los Países Bajos donde se le nombró patrón y al que llamaban «Sinterklaas» (San Nicolás en neerlandés). La masiva inmigración holandesa hacia Norteamérica de finales del siglo XVII se llevó hacia allí tradiciones y costumbres y entre ellas la devoción por este santo.

Con el transcurrir de los siglos el personaje fue evolucionando su nombre (todo parece indicar que fue el escritor Washington Irving, en 1809, quien deformó al santo holandés, Sinterklaas, en la burda pronunciación angloparlante Santa Claus).

Más tarde el poeta Clement C. Moore, en 1823, publicó un poema donde dio cuerpo al actual mito de Santa Claus, basándose en el personaje de Irving. En 1863, adquirió la fisonomía de gordo barbudo bonachón con la que se le conoce y su peculiar vestimenta roja, con botas altas y gorro. Esto fue gracias al dibujante sueco Thomas Nast, quien pergeñó este personaje para sus tiras navideñas en la revista «Harper's Weekly».

Muchas son las leyendas urbanas que indican que originalmente vestía de verde y que fue a raíz de una promoción publicitaria realizada por la empresa Coca-cola cuando adoptó el rojo, pero, tal y como señalo en el párrafo anterior, Thomas Nast ya lo dibujó de ese modo siete décadas antes. Incluso hay portadas de la revista satírica «Puck» de inicios del siglo XX en las que ya aparece Santa Claus vestido de rojo, regordete y con la característica barba blanca.

Cabe indicar que a mediados del siglo XIX el personaje de San Nicolás (transformado en Santa Claus) viajó de vuelta hacia Europa, donde también se veneraban otros similares como el Bonhomme Noël francés (que vestía de blanco y dorado) con el que se fundió la tradición, llegándonos a España como Papá Noel (mucho más fácil que pronunciar que el modo galo).

¿Dónde vive Papa Noel?

Tal y como ya te he explicado en la entrada anterior, sobre el origen de Papá Noel, este personaje originalmente se llamaba Nicolás de Bari y provenía de la región de Licia (actual Turquía). Con el transcurrir de los siglos acabó transformándose en Santa Claus (San Nicolás, Sinterklaas, Bonhomme Noël…) y con esas nuevas identidades se le ubicó en el Polo Norte, concretamente en la provincia finlandesa de Laponia, muy cerca del círculo polar ártico.

Y es que en esa región existe una encantadora población llamada Rovaniemi que fue designada como «el pueblo oficial de Papá Noel» y en la que se ha creado toda una serie de edificaciones y hasta un parque temático dedicado al personaje encargado de repartir los regalos en Navidad.

Quienes visitan esta población deben ir bien abrigados si lo hacen en invierno (época preferida por los visitantes para viajar hasta allí). Una de las recomendaciones es pasear y recorrer la típica feria de Navidad, donde se puede adquirir muchos adornos y recuerdos.

Otra de las visitas obligadas es disfrutar de unos fantásticos días de magia y emoción en el parque temático «Santa Claus Village», situado a ocho kilómetros de distancia de Rovaniemi (justo por encima del círculo polar ártico) y que no solo está dedicado a este entrañable personaje sino a todo aquello relacionado con la Navidad. Allí se puede visitar el hogar y la oficina de Papá Noel, donde se le puede hacer entrega en mano de la carta.

¿Cuál es el origen de los villancicos navideños?

Otro de los elementos más característicos de las fiestas navideñas son los tradicionales villancicos, unas melodiosas y pegadizas canciones que suenan por los altavoces de centros comerciales, comercios, calles o que son cantados en casi todos los hogares en cuanto se reúne la familia y amigos.

Pero su origen tampoco tiene nada que ver con la Navidad sino que eran alegres cancioncillas que se cantaban en la Edad Media en las villas y cuyas letras explicaban los acontecimientos que habían tenido lugar en dichas poblaciones a lo largo del año: amores y desamores, fallecimientos y todo aquello que era de interés del pueblo (por llamarlo de algún modo, eran los noticieros rurales de la época). Y fue precisamente al ser cantados por los habitantes de las villas de donde recibe su nombre de villancicos.

El hecho de que los lugareños memorizasen mucho mejor las letras de esas canciones que los mensajes evangélicos hizo pensar a los religiosos que un modo sencillo de hacerles aprender las historias de las Sagradas Escrituras era utilizando esas cancioncillas y modificándoles la letra, por lo que en las iglesias los sacerdotes empezaron a emplearlas en los Santos Oficios hablando del nacimiento de Jesús, la Virgen María y todo lo que tenía relación con la Navidad.

Con el tiempo los villancicos de corte religioso perduraron y los originales fueron desapareciendo.

El curioso origen del villancico 'Noche de Paz'

Innumerables son los casos en los que de un pequeño contratiempo han salido grandes ideas e inventos y una de esas ocasiones es lo que propició que surgiera «Noche de Paz», el villancico más famoso y cantado en todo el planeta.

Debemos situarnos en la Iglesia de San Nicolás, en la población austriaca de Oberndorf, donde, en las horas previas a la celebración de la Misa del Gallo, en la Nochebuena de 1818, el sacerdote Joseph Mohr, que debía impartir la ceremonia, se percató que el órgano de la iglesia se había estropeado, teniendo que modificar en poco tiempo las canciones que aquella noche interpretarían los miembros del coro.

Para ello se reunió con Franz Xaver Gruber, organista y director del mencionado coro, en su domicilio, con la intención de preparar los villancicos que debían ser acompañados por una guitarra.

Con la intención de aportar algo nuevo a la ceremonia de aquella noche, Mohr le mostró a Gruber un poema que había escrito dos años atrás cuando oficiaba en la parroquia de la pequeña aldea de Mariapfarr.

El poema se titulaba «Stille Nacht» (Noche de silencio) y en poco más de dos horas Franz Xaver Gruber le compuso una melodía y lo arregló para ser cantado por un tenor y una soprano, el acompañamiento del coro y una guitarra.

Durante las siguientes navidades el villancico siguió cantándose un año tras otro, pero como algo local entre los feligreses que residían en Oberndorf. Fue en 1833 cuando, en una de las muchas ocasiones en las que volvió a estropearse el viejo órgano de la iglesia de San Nicolás, viajó hasta allí Karl Mauracher (uno de los mayores expertos y maestros organistas) que acudió a reparar el instrumento, encontrándose con la partitura del villancico, la cual copió y se llevó para interpretarla al órgano en Fügen, la población donde residía.

Fue el propio Mauracher quien le pasó una copia del villancico a la Familia Rainer, una saga de cantantes tiroleses que recorría toda Europa interpretando todo tipo de canciones populares. Éstos decidieron incorporar el villancico a su repertorio (que la interpretaban como si se tratara de una antiquísima canción del folclore tirolés, ya que desconocían quienes eran los autores). Llegaron a cantar Stille Nacht frente al emperador Francisco I de Austria o el zar de Rusia Alejandro I e incluso en 1839 viajaron hasta Estados Unidos, donde realizaron una gira.

El villancico se hizo sumamente famoso y fue incorporado a un buen número de cancioneros populares, pero la identidad de sus creadores era totalmente desconocida.

No fue hasta 1995 cuando se descubrió el manuscrito original y pudo determinarse quiénes fueron los autores del villancico más famoso del planeta.

¿De dónde surge que a los niños que no se han portado bien se les deje 'carbón' de regalo?

Muchos son los países, costumbres y tradiciones en los que uno de los elementos importantes en las fechas navideñas es el «carbón», el cual es un símbolo con el que castigar la mala conducta de algunos niños y niñas que no se han portado bien a lo largo del año.

Lo curioso es que siendo esto algo muy común en culturas muy distintas, en cada lugar el carbón es llevado por diferentes personajes, dándole un origen y significado que nada tiene que ver los unos con los otros.

Evidentemente, tal y como lo conocemos hoy en día, el llevar carbón a los peques que se han portado mal no es más que el resultado de una amalgama de diferentes tradiciones que han ido convergiendo con el paso del tiempo. Eso sí, la mayoría de ellas, a pesar de estar dispersas por diferentes países del planeta, si se les tira del hilo para conocer su origen, acaban llevándonos hasta la España medieval.

Pero debemos tener en cuenta una cosa muy importante: originalmente el hecho de dejar carbón de regalo durante las navidades no era algo negativo, sino todo lo contrario. Era uno más de los presentes que se dejaban (aunque no era carbón dulce sino el de verdad) ya que éste serviría para poder encender la chimenea de los hogares con el fin de calentarse y cocinar en el frío invierno.

El carbón dulce es un invento relativamente moderno que surgió a partir de que la sociedad se fue convirtiendo en consumista. Los hogares con mayor poder adquisitivo dejaron de añadir el carbón entre los regalos navideños, mientras que éste era algo esencial para las familias más humildes. Con el tiempo se hizo la analogía de que las personas ricas eran más buenas que las pobres (se tenía asociado la pobreza con la delincuencia) y así fue como se llegó a la errónea y clasista conclusión de que a aquellos que, llegada la Navidad, se les dejaba carbón era porque se habían portado mal.

No fue hasta finales del siglo XIX cuando el carbón de verdad fue sustituido por el dulce, tal y como ha llegado hasta nuestros días.

¿Quiénes son los encargados de traer los regalos navideños? (I)

Al igual que múltiples son las tradiciones que se celebran a lo largo y ancho del planeta cuando llega el periodo navideño, la mayoría de ellas tienen una cosa en común: en todas existe uno o varios personajes que son los encargados de llevar los regalos navideños.

Algunos son un personaje común, pero que recibe el mismo nombre; por ejemplo Papá Noel, Santa Claus, Sinterklaas y Bonhomme Noël están basados en la figura de San Nicolás, tal y como te explico en otras entradas de este libro.

También tenemos a los míticos Melchor, Gaspar y Baltasar, popularmente conocidos como los «Reyes Magos de Oriente». La tradición indica que estos personajes eran tres, aunque a lo largo de la Historia han ido surgiendo numerosas hipótesis sobre sus verdaderas identidades y podemos encontrar que existen muchísimas y muy diferentes teorías sobre ellos: algunas apuntan que no eran tres sino muchos más, existiendo un baile de cifras que incluso indican que podrían haber sido hasta una docena de personas las que se desplazaron desde diferentes puntos geográficos hasta Belén siguiendo una estrella fugaz (e incluso hay quien indica que era el «cometa Halley»). Sobre sus verdaderas profesiones también hay diferentes versiones, encontrándonos que hay quien dice que no eran reyes sino alquimistas e incluso sabios poetas. A pesar de las numerosas contradicciones que se han ido escribiendo sobre la identidad de estos célebres personajes, desde hace varios siglos se estableció la tradición de que eran tres, provenían de Asia y África y que sus nombres eran los mencionados Melchor, Gaspar y Baltasar.

A nivel local también existe numerosos personajes y en España nos encontramos con varios y que, además, depende del lugar indican que estos eran los que dieron origen al hecho de dejar carbón como regalo.

En la mitología vasca podemos encontrarnos con el «Olentzero», un personaje de origen navarro y cuya profesión era la de carbonero. Su origen es antiquísimo y su función original era la de proporcionar carbón a los hogares coincidiendo con la llegada del solsticio de invierno.

En Cataluña existe la figura del «Tió de Nadal», que en algunas zonas de Aragón es conocido como «Toza» o «Tronca de Nadal» y que consiste en un tronco de madera, cubierto por una manta, al que se le da de comer durante los días previos a la Navidad y que en Nochebuena 'caga' algunos regalos para los más pequeños de la casa mientras estos cantan y lo golpean con una vara.

El popular villancico que originalmente era una canción dedicada a las carreras de trineos tirados por un caballo

Uno de los villancicos más populares que existen es el «Jingle Bells» (en español suele cantarse como 'Navidad, Navidad, dulce Navidad…'), pero, originalmente, nada tuvo que ver su composición con el periodo navideño.

Su creador fue James Lord Pierpont, un estadounidense, hijo y hermano de reverendos, que tras varios fracasados negocios (en la América profunda de la fiebre del oro) finalmente decidió dedicarse a componer canciones para espectáculos teatrales y familiares.

En 1857, cuando contaba con 55 años de edad, Pierpont compuso una canción de pegadizo estribillo, la cual estaba dedicada a las carreras de trineos tirados por caballos que eran unos eventos muy populares a mediados del siglo XIX en algunas poblaciones de Estados Unidos durante los meses de invierno.

La mencionada canción llevaba por título «The One Horse Open Sleigh» y vendría a traducirse como 'Un caballo tirando del trineo'. Dicha composición había sido realizada por encargo para ser cantada durante la celebración del día de Acción de Gracias de aquel mismo año (último jueves de noviembre).

La canción hablaba del trotar de un caballo tirando de un trineo por la nieve, mientras sonaban unos cascabeles cuando el animal galopaba.

Pero en un principio el tema pasó sin pena ni gloria, hasta que un par de años después (1859) apareció una versión renovada de la canción a la que le habían hecho algunos arreglos en el estribillo y que habían re-titulado como «Jingle Bells, or the One Horse Open Sleigh» (Cascabeles o Un caballo tirando del trineo). Se desconoce quién pudo ser el autor de estos arreglos (algunas fuentes indican que podría haber sido el propio James Lord Pierpont) pero lo que sí se sabe es que se convirtió en todo un éxito a partir de entonces.

La nueva versión propició para que se convirtiera en una canción navideña y con los años ha pasado a ser uno de los villancicos más populares de esta época.

La primera constancia que existe de este villancico en una grabación es de 1889, año en el que se grabó en un cilindro de fonógrafo (el primer método de grabación y reproducción de sonido inventado por Thomas Edison en 1877).

La funcionaria de correos que fue bautizada como 'Mrs. Santa Claus'

El trabajo del servicio postal de cualquier país se dispara al llegar el periodo navideño. Millones de cartas son enviadas por niños y niñas de una gran parte del planeta en la que escriben a los encargados de llevar los regalos cuáles son sus peticiones para aquel año.

Una costumbre que lleva realizándose con asiduidad desde hace aproximadamente un siglo y medio y que ha tenido a los funcionarios de los diferentes servicios de correos trabajando para que las cartas y paquetes lleguen a su destino, con el fin de que ningún pequeño ni mayor se quede sin su regalo, ya que muchísimas han sido quienes recibían los presentes navideños mediante este medio.

Pero un pequeño fallo en la dirección podía provocar que un envío no llegase a su destino y acabara almacenado en una estantería durante largo tiempo. Por tal motivo, en la inmensa mayoría de oficinas postales tienen destinado a personal altamente cualificado para averiguar cuál es el destino correcto de cada paquete o carta y hacerlo llegar con la mínima demora posible.

Hoy en día esto es posible hacerlo muy rápidamente gracias a los grandes avances tecnológicos que existen, pero en el siglo XIX era prácticamente imposible esta tarea.

En Estados Unidos, miles eran los envíos anuales que quedaban sin entregar por culpa de un fallo en la dirección o por la letra ilegible del remitente. Para ello se creó en las primeras décadas de 1800 un departamento específico en Washington DC al que llamaron «Dead Letter Office» (Oficina de la carta muerta) y que era el lugar donde iban a parar todos esos envíos imposibles de entregar.

Hacia el último cuarto de aquel mismo siglo hubo un aumento de trabajo en el servicio postal estadounidense y con ello en la mencionada Oficina de la carta muerta, donde, aproximadamente por aquella época, ya se alcanzaban los siete millones de envíos anuales sin poder ser entregados. Por tal motivo se comenzó a contratar también a algunas amas de casa (hasta aquel momento las mujeres no podían acceder a empleos en la administración). Solían ser mujeres con estudios y se valoraba que conocieran algún idioma extranjero, algo que reunía Patti Lyle Collins, quien con el tiempo se convirtió en todo un referente y consiguió, en todos los años que trabajó allí, hacer llegar a su destino la inmensa mayoría de los envíos que pasaron por sus manos.

Su habilidad para descifrar qué era lo que ponía en el sobre y a quién iba dirigido cada envío la hicieron única en su trabajo. Pero esa no fue la única peculiaridad de Patti Lyle Collins… Unas navidades tras observar un montón de sacas que acumulaban cientos de cartas dirigidas a Santa Claus decidió ponerse a leerlas y contestar un gran número de ellas. Incluso llegó a comprar algunos regalos de su propio bolsillo y enviárselos a niños de familias pobres que, por lo que leía que ponían en sus cartas, sabía que no recibirían el regalo que esperaban. La prensa la bautizó como «Mrs. Santa Claus» (Señora Santa Claus) y varios fueron los artículos publicados alabando su trabajo y buen corazón.

¿Quiénes son los encargados de traer los regalos navideños? (II)

El «Carbonilla» es un personaje nacido de la cultura popular y que se vinculó a los Reyes Magos. Según indican las diferentes fuentes, se trataba de uno de los pajes de Sus Majestades de Oriente que se introducía en los hogares a través de la chimenea y era el encargado de dejar el correspondiente carbón para mantener caliente aquel lugar (posteriormente convertido en símbolo de regalo para quienes se habían portado mal y trasformado en dulce con el paso del tiempo, tal y como te explico en otra entrada).

Algunas fuentes indican que el Carbonillas no surgió como acompañante de los Reyes Magos sino de Papa Noel (o alguno de sus alter egos), realizando la misma función. Su lugar de origen puede ser diferente según la fuente consultada, situándolo en cualquiera de los cuatro puntos cardinales de la España peninsular.

Muy similar al Carbonillas nos encontramos en los Países Bajos a otro singular personaje conocido como «Zwarte Piet» (que se traduce como «Pedro el Negro»). Según la tradición neerlandesa, Zwarte Piet era uno de los pajes de San Nicolás y su trabajo consistía en introducirse en las casa por la chimenea dejar carbón para los niños traviesos y a aquellos que se habían portado peor llevárselos metidos en un saco hacia España. Sí, curiosamente en Holanda y Bélgica se asustaba a los más pequeños amenazándolos con la llegada de este paje y que se los llevaría a nuestro país si se portaban mal (algo muy similar al 'Hombre del saco'). En los últimos años ha habido ciertas controversias alrededor de Zwarte Piet y si este personaje de la cultura neerlandesa debía de ser retirado de las tradiciones navideñas de este país (al considerarse que no era políticamente correcto), aunque, tras varios procesos judiciales, finalmente un tribunal holandés dictaminó que era un personaje que estaba demasiado vinculado a la idiosincrasia, cultura e Historia del país y que no podía ser prohibido ni desaparecer de la tradición popular.

El «Apalpador» (también conocido como «Pandigueiro» o «Apalpa-Barrigas») es otro célebre personaje navideño, también carbonero de profesión y que surge de la mitología gallega. Su trabajo es la de colarse en los hogares cuando los más pequeños están durmiendo y palparles el estómago (de ahí su nombre) con intención de ver si han comido bien durante el año. Como premio les dejará un buen puñado de castañas.

Curiosamente, a un millar de kilómetros de Galicia nos encontramos, en la sevillana población de Écija, con un personaje muy similar llamado «Tientapanzas». Se trata de un paje de los Reyes Magos y cuya función era la de tocar la barriga de los pequeños con el fin de comprobar si habían comido lo suficiente e informar a sus majestades para que estos dejaran los pertinentes regalos. Muchos eran los progenitores que, en las semanas previas a la Navidad, advertían a sus hijos que debían comer bien ya que el Tientapanzas les visitaría para comprobarlo.

En Asturias tienen también un peculiar personaje navideño que se ha hecho sumamente popular en la última década. Se trata del «Anguleru», un pescador que se encuentra durante todo el año pescando angulas y anguilas en alta mar (concretamente en el mar de los Sargazos, en pleno océano Atlántico). Según esta tradición asturiana, el Anguleru regresa los días previos a la Navidad y tras vender todo lo que ha pescado, con el dinero obtenido compra regalos para todos los niños y niñas del Principado.

La «Vieja del Monte» (también conocida como «la Vieya'l Monte») es un personaje del folklore leonés que aunque en su origen no estaban vinculado a las tradiciones navideñas, desde los últimos años se ha hecho muy popular durante esas fechas, como una perfecta sustituta en los hogares leoneses de Papa Noel. Según las leyendas, la Vieja del Monte era una entrañable anciana que vivía en las montañas y que se dedicaba a cocinar pan y otros alimentos que entregaba a los pastores para que estos se los llevaran a los niños y niñas leoneses.

¿Cuál es el origen de Rudolph 'El reno de la nariz roja'?

Bien es sabido que Santa Claus/Papá Noel se traslada de un lugar a otro montado en su trineo tirado por 9 renos. A la cabeza va Rudolph, un curioso reno con una nariz roja luminiscente y que ilumina el camino en las noches de navidad más oscuras.

Pero no siempre el trineo de Papá Noel fue encabezado por este peculiar reno.

La primera mención al trineo tirado por 8 renos aparece en el poema «A Visit From St. Nicholas» publicado anónimamente en 1823 y que se le atribuye como autor a Clement Clark Moore (el escritor Henry Livingston, Jr también reclamó la autoría del poema).

Durante muchos años, los grandes almacenes Montgomery Ward, con sede en Chicago, había comprado y distribuido libros infantiles para colorear como regalo navideño para sus clientes. En 1939, decidieron encargar a uno de sus empleados la creación de un libro para ellos, y así ahorrar dinero. Un redactor publicitario de 34 años de edad, llamado Robert L. May, escribió la historia sobre «Rudolph, el reno de la nariz roja».

El cuento fue un éxito y año tras año la compañía lo regalaba a sus clientes. Hasta 1946 se habían editado un total de 6 millones de ejemplares y fue en ese año cuando Robert L. May (que estaba endeudado tras los gastos médicos por la enfermedad de su esposa que había fallecido), logró convencer a Sewell Avery, presidente de la compañía Montgomery Ward para que le reconociera la autoría de la historia. Y así lo hizo.

En 1947 se publicó comercialmente la historia y a partir de ahí empezó a generar beneficios comerciales a su creador.

Gran parte de la popularidad de Rudolph llegó a través de la canción compuesta en 1948 por Johnny Marks, el cuñado de Robert L. May. El tema fue grabado en 1949 por Gene Autry, uno de los cantantes de moda en aquel momento y se convirtió en todo un gran éxito, vendiéndose aquella navidad más de 2 millones de discos.

¿Quiénes son los encargados de traer los regalos navideños? (III)

A lo largo y ancho del planeta también podemos encontrarnos con singulares personajes encargados de traer los regalos de Navidad, como «Befana» (también llamada «Strega Befana»), una anciana con apariencia de bruja (aunque buena) y que es la encargada de llevar los regalos a los hogares italianos. Lo hace en la noche de la Epifanía, madrugada del 5 al 6 de enero, y en sustitución a los Reyes Magos. Según explican las leyendas de folklore italiano, en cierta ocasión, hace muchísimo tiempo, cuando los Reyes Magos se encontraban repartiendo los regalos para todas las casas del planeta, se perdieron al llegar a Italia y una bondadosa anciana, llamada Befana se ofreció para ayudarles (con el fin de que les diera tiempo de entregar todos los presentes). Desde entonces es la encargada en este país de repartir los regalos. La Befana, además de juguetes, también deja dulce en los calcetines que los pequeños han dejado colgados y a aquellos que se han portado mal les deja un poco de carbón. Algunos historiadores señalan que la figura de este personaje es anterior al cristianismo y que con el tiempo fue añadido a las tradiciones navideñas católicas.

Algo muy similar es lo que ocurre en Rusia donde la encargada de llevar los regalos es una adorable anciana llamada «Babushka». Según las historias del folklore ruso, los Reyes Magos, mientras viajaban a Belén siguiendo la estrella pasaron por Rusia, donde quisieron hacer un descanso y alojarse en la casa más limpia y confortable del país, siendo la elegida el humilde hogar de la anciana Babushka, quien los colmó de atenciones (otras leyendas explican que estaba durmiendo cuando fue despertada por los Reyes Magos que la invitaron a acompañarlos a Belén). Desde entonces, la encargada de entregar los regalos de los Reyes Magos en los hogares rusos es esta adorable ancianita.

Pero en Rusia existen otros personajes que también llevan los regalos en Navidad. En este caso encarnados en un abuelo y su nieta que son conocidos como «Ded Moroz y Snegúrochka», cuya traducción viene a ser: 'el Abuelo del Invierno' y 'la Doncella de la Nieve'. Son los sustitutos de San Nicolás creados por la Iglesia Ortodoxa. Aunque durante mucho tiempo han estado muy vinculados al folklore y tradiciones rusas, a lo largo de varias décadas del siglo XX (durante el periodo soviético) Ded Moroz y Snegúrochka estaban prohibidos y se trató de borrar de la historia de Rusia, al estar vinculados a una tradición religiosa. El Abuelo del Invierno, junto a su nieta, irrumpe en los hogares rusos durante la cena de Nochebuena para entregar regalos a los más pequeños de la casa. Cabe destacar que «Ded Moroz» es un antiquísimo personaje de la época pre-cristiana y que «Snegúrochka», sin tener vinculación alguna con él, no surgió hasta finales del siglo XIX, a través de algunos cuentos navideños. Ha sido en las últimas décadas cuando se les dio un vínculo familiar y denominó como abuelo y nieta.

«Christkind» (también llamado «SKris Kringle») es el encargado de llevar los regalos a numerosísimos hogares de infinidad de países del planeta. El nombre vendría a traducirse como 'Niño Cristo' y está representado por un niño Jesús que es quien hace el reparto de los presentes el 6 de diciembre. El personaje de Christkind es muy célebre en países como Austria, Suiza, Alemania, parte de Canadá, Eslovenia, Croacia, algunos lugares de Italia, Liechtenstein, Luxemburgo, Bélgica, Portugal, Eslovaquia, Hungría, algunas zonas de Francia, Polonia, en Sudamérica y la República Checa. Según consta, fue creado en el siglo XVI por la Iglesia Luterana en contraposición al personaje de San Nicolás.

En el folklore islandés podemos encontrar que entre las muchas y antiquísimas tradiciones que tienen en esta época existen unos curiosos personajes que, según dicha mitología, se originaron en tiempos pre-cristianos (cuyo fin era celebrar la llegada del solsticio de invierno) y que con el paso del tiempo se han convertido en elementos imprescindibles de la Navidad en Islandia. Se trata de los «Jólasveinar», también llamados «Yule Lads» o el españolizado «Muchachos Yule», trece criaturas mitológicas cuya característica es que son sumamente traviesas. A pesar de conocerse como muchachos, en realidad se trata de traviesos ancianos. Aparecen en los hogares, llegando en orden y cada día uno, a partir del 12 de diciembre (el último hace acto de presencia el día de Nochebuena) y se dedican a hacer trastadas en los hogares (haciendo desaparecer utensilios, comida, dar portazos nocturnos… cada uno de los Muchachos Yule es experto en una travesura). Durante esos días, cuando algo ocurre en un hogar (intencionado o no) suele echarse la culpa a los Jólasveinar. Eso sí, a pesar de su carácter travieso, estos peculiares personajes también son los encargados de dejar algunos regalos (especialmente dulces) para los más pequeños de la casa.

En algunas regiones de Centroeuropa existe también un personaje maligno llamado «Krampus» cuya misión es aparecer durante las navidades y llevarse a los niños y niñas que se han portado mal durante el año, algo muy similar a lo que he explicado con la figura neerlandesa de «Zwarte Piet». Pero Krampus no tiene una apariencia normal sino terrorífica y suele representarse en una especie de macho cabrío con cierta semejanza al diablo. Es lo totalmente opuesto a San Nicolás (encargado de llevar los regalos a quienes se han portado bien). Durante los días previos a la Navidad era costumbre que los progenitores amenazaran a sus hijos de la llegada de Krampus si se portaban mal y que éste se los llevaría metidos en un saco a los inframundos.

En algunos lugares de Australia podemos encontrarnos con «The Jolly Swagman», quien se ha convertido en los últimos años en el encargado de entregar los regalos en la víspera de Navidad. Muchas son las poblaciones australianas que han sustituido la figura de Santa Claus (entre ellas Adelaida) por este curioso personaje surgido del folklore popular reciente y que encarna la figura de un aventurero trotamundos, algo deslenguado y desaliñado. La figura de Jolly Swagman apareció a finales del siglo XIX y surgió como representación de aquellos trabajadores que llegaron al país en busca de un nuevo y próspero futuro y que se dedicaron a recorrerlo en busca de empleos esporádicos. El término 'swagman' se ha convertido en sinónimo de trotamundos. Alrededor del mismo se han publicado docenas de cuentos y relatos y ha acabado incorporándose a la historia reciente de Australia. Por tal motivo muchas son las cabalgatas y festejos navideños en los que aparece, acompañado de media docena de pequeños canguros blancos, y recogiendo las cartas de los más pequeños.

'Jólabókaflód', la entrañable costumbre islandesa de regalar libros en Navidad

Tal y como te he explicado en la entrada anterior, en Islandia los encargados de dejar los presentes navideños son los «Jólasveinar» o «Muchachos Yule», quienes tienen encomendada el entregar un regalo muy especial a todos los islandeses: un libro.

Y es que el hecho de recibir un libro como regalo de Navidad ya se ha convertido en toda una tradición en este país del noroeste de Europa y que es conocida como «Jólabókaflód» («Jólabókaflóðið»en islandés) y que vendría a traducirse como 'inundación de libros de la Navidad'.

Prácticamente todos los islandeses reciben un libro tras la cena de Nochebuena y, tal y como se está poniendo cada vez más de moda esta costumbre, empiezan a leerlo aquella misma noche, realizando exactamente lo misto durante una gran parte del día de Navidad (exceptuando el momento en los que la familia se reúne alrededor de la mesa).

Según indican la mayoría de fuentes, la costumbre del Jólabókaflód (que va camino de convertirse en tradición) se originó en plena Segunda Guerra Mundial. Islandia en aquella época tenía un acuerdo político firmado con Dinamarca por el cual se determinaba que era un Estado soberano bajo el reinado del monarca danés. Pero Dinamarca fue ocupada por el Reich alemán e Islandia por los británicos. Esto llevó a que hubiese una gran escasez de productos en este país insular, debido a las restricciones que se impusieron a las importaciones, motivo por el que los islandeses se las ingeniaron para poder tener algo que regalar durante las navidades.

Y el papel fue uno de los pocos productos que no tuvo limitaciones y con el mismo se empezó a editar libros para poder ser regalados en Navidad.

Finalizó la IIGM y a pesar de que tan solo se había realizado durante cuatro años, ya quedó establecida como una costumbre, entre los islandeses, el regalar un libro en Navidad. Por tal motivo las editoriales se acostumbraron a realizar sus lanzamientos durante esa época, centrándose en esos días alrededor del 70 % el volumen anual de ventas de libros.

¿Por qué se celebra el día de Navidad el 25 de diciembre?

De sobras conocido es el hecho de que Jesús de Nazaret no nació un 25 de diciembre y aunque existen varias hipótesis y un baile de fechas (20 de abril, 20 de mayo, 29 de septiembre, 17 de noviembre…) ninguna de ellas es concluyente, por tal motivo hasta bien entrado el siglo IV el día del nacimiento del Mesías se celebraba el 6 de enero, junto a la epifanía de los Reyes Magos y el bautismo de Jesús (también por el desconocimiento de cuál era la fecha exacta).

El hecho de que la Navidad se celebre en esta fecha se debe al empeño de la Iglesia Católica (tras la libertad de culto en el Imperio Romano) a cristianizar todas aquellas fiestas que hasta entonces habían sido de celebración pagana. La más popular que existía en Roma eran las Saturnales (que llevaban más de seis siglos celebrándose coincidiendo con el solsticio de invierno) y se decidió que la celebración de la Navidad debía coincidir con la fecha en la que se homenajeaba al «Sol Invictus», una fiesta que se realizaba el 25 de diciembre para celebrar la llegada de más horas de luz tras la entrada del invierno.

Celebrando el día de Navidad en Perú a puñetazo limpio

En algunas regiones de Perú tienen una antigua y curiosa manera de solucionar los conflictos y malentendidos entre vecinos: a puñetazo limpio el día de Navidad.

Dicha ceremonia se conoce como «Takanakuy», término quechua cuyo significado es «golpearse entre si» y tiene una duración de tan solo tres minutos.

Durante ese tiempo, aquellas personas que han tenido algún tipo de desavenencia vecinal (e incluso familiar) tienen la oportunidad de arreglarlo participando en la tradición navideña del Takanakuy.

Suele celebrarse en una plaza pública o coliseo habilitado para ello y al que acuden todos los vecinos de la población la mañana del día de Navidad, donde los presentes disfrutan de la gastronomía, bebida y baile tradicional.

Quien tienen algún conflicto pendiente que solucionar se coloca en el centro del coliseo y nombra en voz alta a su oponente, éste deberá presentarse frente a él y durante tres minutos golpearse (están permitidos los puñetazos y las patadas).

Después se irán juntos a beber alcohol, algo que, según quienes realizan esta costumbre, ayuda a mitigar el dolor de los golpes.

El Takanakuy es una tradición indígena que nada tenía que ver en su origen con la Navidad, sino que se realizaba coincidiendo con el solsticio de invierno, pero tras la llegada de los evangelizadores mantuvieron esta costumbre junto a las nuevas del catolicismo.

Aunque inicialmente se realizaba sobre todo en el sur de Perú, hoy en día podemos encontrar que la tradición de arreglar los problemas vecinales a golpes el día de Navidad se ha trasladado hasta otros puntos del país, incluso a algunos barrios de la capital.

El bastón de caramelo, el dulce navideño que no suele faltar en ningún hogar con niños

Tiene forma de bastón, su sabor suele ser mentolado y es de color blanco con unas franjas rojas. Conocido popular e internacionalmente, en el mundo anglosajón, como «Candy cane», este caramelo se ha convertido en uno de los elementos imprescindibles de cualquier hogar durante la Navidad.

Muchas son las familias que, gracias a la parte arqueada que tienen los «bastones de caramelo», aprovechan para colgar unos cuantos en el árbol de Navidad e irlos repartiendo a los más pequeños de la casa durante todo el periodo de las fiestas.

No se sabe con exactitud cuál es el origen, aunque la mayoría de historiadores apuntan a que surgió en Alemania en la segunda mitad del siglo XVII. Hay quienes lo sitúan en la década de 1670 y más concretamente en la Catedral de Colonia, explicando que el director del coro de dicho templo decidió encargar a un confitero local que le hiciera unos cuantos caramelos con el fin de repartirlos entre los niños asistentes a la Misa del Gallo y así éstos estarían entretenidos y no harían ruido durante la ceremonia religiosa y los cánticos del coro que dirigía.

Hay quien señala que no fue el director del coro quien lo ideó, sino el párroco encargado de oficiar la misa.

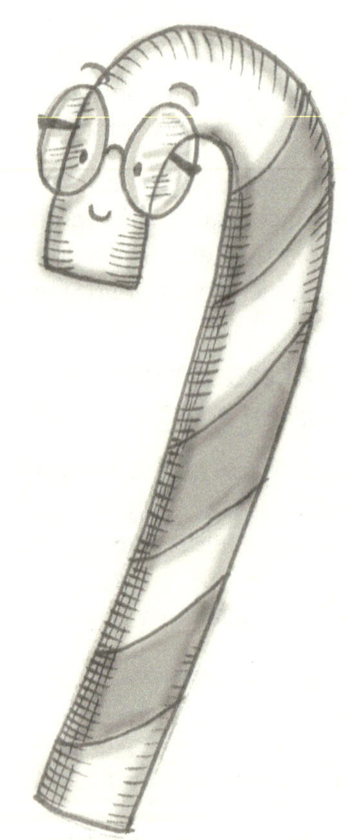

Sobre el motivo de la peculiar forma del caramelo también hay algunas divergencias. Unas fuentes indican que fue pedido que se realizara de tal modo para poder llevarlos colgados en el cinto (o cinturón) y así poder cogerlos y entregarlos a los pequeños tal y como iban entrando en la catedral. Otras versiones cuentan que fue petición del religioso el que tuviesen dicha curvatura, ya que de ese modo podía representar el báculo (bastón) empleado por los pastores religiosos (evangelizadores). Tampoco falta quien dice que este dulce no tiene forma de bastón sino que en realidad debería estar girado ya que representa una «J», que es la inicial de «Jesucristo».

También hay constancia de que originalmente estos caramelos eran totalmente blancos y que fue en el siglo XIX cuando se le añadieron las franjas de color rojo. La inmigración hacia América se llevó numerosas tradiciones europeas, tal y como te explico en otras entradas de este libro, y fue en Estados Unidos donde terminó de alcanzar su popularidad.

¿Por qué en algunos lugares el 26 de diciembre (San Esteban) también es festivo?

San Esteban está considerado como el primer mártir del cristianismo y según se relata en el Nuevo Testamento (concretamente en el «Libro de los Hechos») se trataba de un joven judío converso a las enseñanzas de Jesucristo que tras pronunciar un discurso ante el Sanedrín (el consejo de sabios de Israel compuesto por rabinos) fue acusado de blasfemo y lapidado hasta morir el 26 de diciembre del año 34 d.C.

Aunque, con el paso de los años, la coincidencia de la fecha de su fallecimiento nada tenía que ver con la celebración de las celebraciones navideñas, se dejó en donde había caído debido a que con el tiempo este mártir se convirtió en un referente religioso para muchas culturas posteriores.

Una de ellas fue el Imperio Carolingio, en la que, entre las diferentes tradiciones que se practicaron, se tuvo un especial sentido del patriarcado o clan familiar, que consistía en que, durante las fiestas religiosas importantes (como eran las dos Pascuas, la de Navidad y la de Semana Santa) debía realizarse el recogimiento o celebración en el hogar paterno o patriarca del clan familiar. Muchas eran las familias que residían separadas en distintos territorios, por lo que al llegar alguna de las mencionadas celebraciones necesitaban una jornada para acudir y otra para regresar a sus respectivos hogares.

En la sociedad carolingia el día de Navidad (25 de diciembre), era el central de la celebración. Para poder estar todos los miembros de una familia juntos debían salir la jornada anterior de sus respectivos lugares de residencia y reunirse en la casa del cabeza de familia, de ahí que llegaran siendo ya de noche y la Nochebuena se convirtiera en una celebración nocturna (cena familiar y acudir todos juntos a la Misa del Gallo).

Pero tras la celebración de la comida de Navidad, que solía ser opípara y de larga duración, se necesitaría otra jornada para regresar a sus respectivos lugares de origen, por lo que durante el Imperio Carolingio se estableció que los días posteriores a cada una de las Pascuas debían ser festivos ya que eran necesarias varias horas de viaje para regresar a sus respectivos hogares.

De ahí que el 26 de diciembre, festividad de San Esteban, quedara como festivo en los territorios bajo el dominio del Imperio Carolingio y sus tradiciones. La flanja norte de la Península Ibérica lo estuvo como territorios independientes durante el reinado de Carlomagno (siglo VIII), en el que se marcó una frontera defensiva, por debajo de los Pirineos que separaba las tierras de dominio musulmán con los francos o carolingios y que fue conocida como 'Marca Hispánica'.

Este hecho es el que ha llevado a que algunos de esos territorios, que actualmente pertenecen a España, sigan teniendo como jornada festiva el día siguiente a la Navidad. Cataluña es uno de ellos y la festividad de «Sant Esteve» se ha convertido en una de las más importantes dentro del calendario de celebraciones navideñas.

El Día de Sant Esteve es costumbre comer en Cataluña unos tradicionales canelones realizados con las sobras de la comida del día de Navidad, pero, si me permites, el origen sobre la elaboración y degustación de este exquisito plato te lo explico un par de entradas más adelante.

¿De dónde surge llamar 'boxing day' al 26 de diciembre?

El «boxing day», literalmente día de las cajas (nada que ver con el boxeo), es una antigua tradición de origen británica que se celebra el 26 de diciembre. Esta práctica se basa básicamente en hacer regalos y donaciones a las personas más necesitadas y los presentes suelen ser en forma de comida, ropa, juguetes o dinero.

El origen de que se realice el día después de Navidad lo encontramos viajando varios siglos hacia atrás, aunque es algo discutido cuál fue el principal motivo por el qué se empezó a hacer y quién fue su artífice.

La mayoría de fuentes consultadas apuntan a que tuvo lugar en la época feudal, cuando los nobles, una vez pasado el día de Navidad, entregaban cajas/paquetes de alimentos a sus sirvientes como compensación por el duro trabajo que habían tenido los días previos a esa festividad y su celebración. Suelen señalar que en la mayoría de los casos se trataba de la comida sobrante de los banquetes familiares.

Pero hay quien prefiere pensar que esta generosa costumbre empezó como un acto de caridad que comenzó a realizarse en las iglesias: aquellos feligreses que acudían a la Misa del Gallo llevaban las viandas que les habían sobrado de la cena de Nochebuena y éstas eran repartidas el día 26 entre los pobres de la parroquia junto a lo depositado también en el oficio del día de Navidad.

Sea como fuere, lo que sí queda claro es que el boxing day se trata de un acto de generosidad y altruismo hacía los más necesitados que se ha expandido en casi todo el planeta, pero nada tiene que ver el nombre de esta tradición con la afirmación errónea que dan en algunas páginas que señalan que se llama así debido al hecho de que la gente se deshace ese día de las cajas y envoltorios de los regalos recibidos en Navidad.

El origen de comer los tradicionales 'canelones de Sant Esteve' en Cataluña el 26 de diciembre

Tal y como te explicaba un par de entradas atrás, el 26 de diciembre es una jornada importante dentro del calendario de festividades navideñas en Cataluña, debido a la herencia de las tradiciones carolingias.

Hoy en día (y desde hace más de un siglo) ya no se utilizaba esa jornada posterior a la comida familiar de Navidad para que los diferentes miembros de un clan pudiesen regresar a sus respectivos hogares. Por lo que, al continuar siendo un día festivo en Cataluña, muchas familias optaron para dividir las celebraciones de las fiestas navideñas en dos y acudir en esa segunda jornada a comer a la casa familiar de la esposa (debido a que la Navidad se celebraba por tradición –heteropatriarcal- en la casa del padre del esposo).

Hoy en día se ha puesto muy de moda lo que se conoce como 'cocina de aprovechamiento', en el que se elaboran platos culinarios con los restos de las comidas de días anteriores y esto ya lo realizaban nuestros antepasados, por lo que el día de San Esteban era una jornada ideal para acabar con las existencias y sobras de la comida de Navidad.

Un gran número de fuentes indican que los canelones de Sant Esteve nacieron del aprovechamiento de lo sobrante de la sopa de escudella y la carne de ave servida en Navidad (pavo, pollo, pularda o capón, estas dos últimas más típicas en la gastronomía navideña catalana). Pero esta es una verdad a medias, debido a que la tradición de comer este plato el 26 de diciembre es relativamente moderna y no se inició hasta ya bien entrados el siglo XX.

Ningún recetario de cocina catalana, anterior a 1900, aparece la receta de los canelones ni mención a los elaborados en San Esteban. Tampoco figura en ningún libro o crónica sobre las celebraciones de siglos atrás que se degustase tal plato el día posterior a la Navidad. Sí que aparece mencionado que, antiguamente, aquellos que partían de regreso a su hogares el 26 de diciembre, llevaban para comer por el camino algunas viandas sobrantes de la comida del día anterior, pero ninguna mención a los canelones.

En realidad la tradición de comer canelones en Cataluña fue importada a finales del siglo XIX por los hermanos Charles y Michel Pompidor cuando abrieron, en 1897, el restaurante «Maison Dorée», ubicado en la plaza Cataluña de Barcelona. El mencionado restaurante era una sucursal en la Ciudad Condal del Maison Dorée de París, uno de los restaurantes más famosos e importantes de la capital francesa y por la que pasaban comensales de altísimo nivel, entre ellos el compositor y gastrónomo Giacomo Rossini, quien dejó al chef del establecimiento parisino la receta de sus famosos 'canelones Rossini'.

Los hermanos Pompidor se trajeron consigo dicha receta y empezaron a servir el plato de canelones (con ciertas variaciones) en el restaurante que abrieron en Barcelona. Era un plato muy exclusivo, ya que solo se servía en contadas ocasiones, debido a la dificultad por conseguir unas láminas de pasta ideales para enrollar el canelón y que, hasta la fecha debían ser importadas desde Italia o Francia.

Una de las innovaciones que realizaron los hermanos Pompidor en el Maison Dorée de Barcelona, ya entrados en la primera década de 1900, fue el reinventar los canelones Rossini en un plato autóctono, empezando por convertirlo en una de las comidas estrellas del local el día de Sant Esteve, en el que se elaboraba con las viandas sobrantes de la comida de Navidad que había servido el restaurante.

El establecimiento de los hermanos Charles y Michel Pompidor cerró sus puertas en 1918, pero sus famosos «canelons de Sant Esteve» ya habían quedado incorporados en los recetarios de cocina catalana. Ayudó en gran medida el que el industrial catalán Ramon Flo Valls abriese en la Ciudad Condal una empresa en la que se elaboraba pasta alimenticia al estilo italiano y que, a partir de 1911, comercializara las placas para elaborar canelones (tres años después el negocio pasó a ser denominado con el nombre comercial «Pastas El Pavo»).

Fue a partir de ese momento cuando muchos hogares catalanes empezaron a incorporar los canelones como plato estrella en las celebraciones, convirtiéndose en el principal el mencionado día de Sant Esteve.

Como nota curiosa, cabe señalar que antes de ponerse de moda los canelones en San Esteban, en los hogares catalanes se servía para comer el 26 de diciembre un sabroso arroz que se echaba al caldo sobrante de la sopa de escudella, junto con los restos de la comida de Navidad.

¿Cuál es el origen del día de los 'Santos Inocentes'?

El día 28 de diciembre se celebra el «Día de los Santos Inocentes». Estamos acostumbrados a relacionar este día con las bromas o «inocentadas», pero en realidad el origen del día de los Santos Inocentes es muy distinto, ya que es el día en el que se conmemora la matanza de todos los niños menores de 2 años nacidos en Belén, ordenada por Herodes con el fin de deshacerse del recién nacido Mesías. De ahí que se le aplique el término de inocente a la conmemoración.

Según cuenta el «evangelio de San Mateo», los Reyes Magos se dirigieron a Belén para adorar al Mesías. El rey Herodes, al conocer la noticia, pensó que el recién nacido podía arrebatarle el trono y pidió a los Reyes que le informaran sobre dónde se encontraba. Al ver que no le comunicaban el lugar exacto del nacimiento de Jesús, Herodes, enfurecido, ordenó que mataran a todos los niños menores de dos años que había en la ciudad de Belén y alrededores.

Durante la Edad Media se introdujo en esta celebración los ritos paganos que formaban parte de la «Fiesta de los locos», y que se celebraba entre Navidad y Año Nuevo. De esta forma, se inició una nueva tradición que combinaba lo pagano y lo religioso y que ha llegado hasta nuestros días. La principal finalidad de la misma era gastar todo tipo de bromas: desde pegar un monigote de papel en la espalda hasta bromas más sofisticadas y elaboradas.

En la actualidad, es muy común gastar bromas en España, Latinoamérica y diversos países del Mediterráneo el 28 de diciembre, y se mantiene la costumbre de pegar el monigote de papel en la espalda. Sin embargo, en los países anglosajones celebran una festividad similar el

1 de abril, conocida como «Fool's day» (el Día de los Locos) y que es una adaptación de la Fiesta de los locos medieval.

Una de las cosas típicas en este día es la de colgar un muñeco o monigote de papel en la espalda de alguien. A este muñeco también se le conoce como «Llufa» o «Llufes».

En el libro «Nadal Català» del escritor badalonés Joan Soler y Amigó (publicado por edicions Pórtic, en 1995) podemos encontrar la siguiente explicación sobre 'qué son las llufes'

> [...] Les llufes son unos espíritus etéreos, seres de aire o viento, parecidos a las hadas o a los duendes. Se cree que durante el final del año, las llufes rondan por todas partes, silenciosas y traviesas, riéndose de la gente demasiado inocente, escarneciéndola, preocupándola... Por eso al muñeco de papel que se cuelga el día de los inocentes se le denomina llufa [...]

¿Cuándo se popularizó la tradición de tomar 12 uvas en Nochevieja?

Durante el último cuarto del siglo XIX, era costumbre entre la burguesía y la clase alta del país despedir el año con uvas y champan, tras una opípara cena compuesta, normalmente, de las mejores carnes de ave y los más suculentos mariscos.

Para la población llana, el simbólico ritual de comer 12 uvas en la Nochevieja, era un sinónimo de buena suerte, pero no es hasta ya iniciado el siglo XX en el que se popularizó entre todas las clases sociales esta costumbre.

Ante un excedente de uva tras la vendimia del año 1909, un grupo de avispados cosecheros murcianos y alicantinos, haciendo uso de su habilidad e imaginación, animaron a la población a tomar las 12 uvas para emular la envidiable y sana costumbre de los más ricos.

El plan les salió perfecto, ya que de ese modo pudieron librarse del excedente de la fruta y popularizar una costumbre que desde entonces lleva celebrándose año tras año.

Cabe destacar que en la Nochevieja de 1882 ocurrió un hecho, aislado y que nada tuvo que ver con el origen de la tradición, que fue la presencia de un grupo de ciudadanos que a modo de protesta contra el alcalde y para burlarse de la aristocracia madrileña comieron uvas frente a la Puerta del Sol (emulando a las clases pudientes), pero ese acto no originó la tradición de comer 12 uvas a nivel popular (todos los ciudadanos) la cual no se produjo hasta 1909, tal y como indico unos párrafos más arriba.

¿Cómo celebran la Nochevieja en otros lugares del planeta?

Al igual que en España nos guiamos del cambio de año a través de las campanadas con las uvas en la mano, en otros lugares, como Estados Unidos, también están pendientes del reloj o una cuenta atrás que les indica cuánto falta para despedir el año, dando la bienvenida al nuevo besándose efusivamente. Times Square (en Nueva York) es el punto de todos los EEUU que reúne a más personas (más de un millón) que desde varias horas antes llegan hasta allí para coger un buen sitio, por lo que desde las siete de la tarde ya se están realizando actuaciones para amenizar la espera de los que van llegando.

En el Reino Unido varias son las tradiciones con las que sus habitantes celebran la Nochevieja y depende de dónde te encuentres hacen cosas diferentes. En las zonas más rurales muchas personas acostumbran a salir de sus casas e ir a visitar a familiares y amigos como símbolo de buena suerte. Portan consigo algún presente en forma de dulce, licor e incluso un trozo de carbón como símbolo de buenaventura para el nuevo año. Los más supersticiosos acceden a las casas por la puerta trasera. En Londres son miles las personas que se agolpan bajo el Big Ben o quienes lo hacen en Piccadilly Circus o Trafalgar Square, dos de sus más insignes plazas. Allí dan la bienvenida al año abrazándose y cantando al unísono una tradicional canción escocesa titulada «Auld Lang Syne».

En Francia también suele reunirse las familias y grupos de amigos y tras una opípara cena (conocida como «Réveillon de la Saint-Sylvestre») celebran la entrada del nuevo año cantando, abrazándose y dándose un beso bajo el muérdago mientras brindan con champán. Muchas personas se desplazan hasta las inmediaciones de la Torre Eiffel o los Campos Elíseos donde lo celebran encendiendo fuegos artificiales y haciendo mucho ruido con trompetas, pitos, etc…

En Italia, en Nochevieja o «Notte di Capodanno», es típico cenar un plato de lentejas (te explico por qué unas curiosidades más adelante) y muchas son las familias que despiden el año deshaciéndose de muebles y enseres viejos que ya no les sirven (en algunos lugares llegan a tirarlos incluso por la ventana).

Los daneses en Fin de Año no ganan para vajillas, ya que su tradición marca que han de romper los platos utilizados tras la cena. También hay quien continúa realizando una antigua tradición de subirse a una silla y saltar de ésta tras la última campanada.

Nuestros vecinos portugueses ni brindan con cava ni comen las doce uvas, pero celebran la entrada del nuevo año con una tradición que es muy similar. Para beber toman una copa de 'espumante', un tipo de vino espumoso muy similar al cava y que es autóctono de Portugal y mientras suenan las doce campanadas se van comiendo una docena de uvas pasas.

En algunas zonas de Alemania se acostumbra a servir raciones abundantes de cena, ya que la tradición marca que han de dejarse una parte sin comer, como símbolo de asegurarse algo de alimento para el próximo año. La bebida con la que brindan esa noche (y gran parte de las fiestas navideñas) es el «Feuerzangenbowle», un ponche que se toma caliente y que está elaborado con vino, clavo, canela, ron y cáscara de naranja. Muchos son los alemanes a quienes les gusta pasar la noche del último día del año en casa junto a la familia y amigos mientras degustan algunas copas de Feuerzangenbowle y visionan alguna reposición de la película «Die Feuerzangenbowle», basada en una novela de gran éxito escrita, en 1933, por Heinrich Spoerl y de la que se rodaron tres versiones cinematográficas.

Si viajamos hasta el centro y sur del continente americano nos encontramos que en la mayoría de países celebran la entrada del nuevo año con abundantes cenas de platos tradicionales y posteriormente encienden pirotecnia, hogueras y celebran verbenas callejeras, aprovechando el buen tiempo que por allí tienen o gracias a que en el hemisferio sur es verano. También podemos encontrarnos que hay quien le da un simbolismo esotérico a la celebración, por lo que muchas son las reuniones que se realizan en la playa (como es el caso de Copacabana en Río de Janeiro) donde se hacen conjuros, encienden velas e intentan ahuyentar a los malos espíritus que han estado presentes durante el año que dejan atrás. También hay quienes escriben sus deseos para Año Nuevo en un papel, el cual guardan y lo queman una vez pasado el umbral de la medianoche.

Curiosamente en Chile hay muchas familias que celebran la Nochevieja cenando lentejas y despidiendo el año con las doce uvas, tradiciones que han recibido del flujo migratorio de italianos y españoles que hasta allí viajaron.

En Filipinas no es tradición llevar ropa interior de color, pero sí ir vestido con lunares para despedir el año, ya que éstos simbolizan la circunferencia de las monedas y es una manera de atraer el dinero para el nuevo año.

En Japón despiden el año también con campanadas, pero no son las doce tradicionales que por aquí tenemos (sin contar los cuartos, claro). Los nipones hacen tocar las campanas de sus templos budistas 108 veces, un número sagrado en el budismo ya que este número simboliza los defectos humanos. Esta tradición es conocida como «Joya no kane».

¿De dónde surge llevar la ropa interior de color rojo en Nochevieja?

En España, Francia, Suiza e Italia es una tradición despedir el año y dar la bienvenida al nuevo llevando puesta una prenda interior de color rojo, lo cual (según la superstición) proporcionará todo un año de suerte (sobre todo en el amor).

La mayoría de expertos apuntan a que esta es una tradición que se originó en la Antigua Roma en época precristiana, en la que era común que para dar la bienvenida al Año Nuevo Romano añadir un trozo de tela roja a la ropa que vestían los hombres y mujeres del imperio, simbolizando dicho color con el poder, la fertilidad, la salud y el corazón.

Otros historiadores indican que dicha tradición proviene de China, ya que desde tiempos inmemoriales el color rojo ha sido vestido en el país asiático para ahuyentar al «Niàn», nombre que se le da a la bestia que devora a los hombres. Muchas leyendas y relatos chinos hablan sobre el color rojo para recibir al nuevo año y el hecho de alejar a la bestia maligna.

Pero regresando a nuestro tiempo, muchos y diversos son los modos en los que se puede llevar la ropa interior roja: del derecho, del revés, por encima de la ropa, etc. También es diferente lo que se hace con ella tras usarla en Nochevieja. Unas personas la conservan guardada durante todo el nuevo año; otras la tiran directamente a la basura, hay quien las quema en un extraño ritual esotérico.

También podemos encontrar que hay quien estrena la prenda íntima de color rojo en Nochebuena y vuelve a ponérsela para despedir el año.

El color rojo no es el único que se utiliza en la ropa interior en otros países para recibir al Año Nuevo

Pero el rojo no es el único color predominante en la ropa interior para despedir o dar la bienvenida al año.

En Latinoamérica también es tradicional llevar ropa íntima de algún color determinado y por diversos motivos.

Por ejemplo podemos encontrarnos que en Perú lo tradicional para Nochevieja es llevarla amarilla y, además, muchas personas se la ponen del revés. Este color representa el éxito, la riqueza y la alegría. Así a quienes lo lleven puesto, según la creencia de este país andino, le espera un año de suerte y energía.

En Chile y Colombia también suele utilizarse el amarillo en la ropa interior de Fin de Año y en Argentina podemos encontrar que tienen predilección por el rosa.

Para muchos argentinos este color representa el amor y la fertilidad, así que es usado por aquellas personas que quieren encontrar (o retener) el amor y quienes buscan tener descendencia. La tradición marca que dicha prenda debe ser regalada en Nochebuena. Si se lleva puesta el día de Navidad es con deseo de tener un hijo. Si cuando se estrena la prenda es en Nochevieja entonces lo que se busca es tener un próspero año lleno de amor.

Curiosamente nos podemos encontrar que en México es uno de los lugares donde existe más variedad de colores en el uso de ropa interior para despedir el año. Muchos son quienes la prefieren roja (para tener amor), otros la usan amarilla (para tener dinero) e incluso verde (relacionado con los temas de la salud).

¿De dónde surge la tradición de celebrar la Nochevieja bajo el reloj de la Puerta del Sol?

Cada 31 de diciembre, miles de personas se concentran bajo el reloj de la Puerta del Sol de Madrid para despedir al viejo y dar la bienvenida al nuevo año.

El simbolismo del lugar, al ser el kilómetro 0 de todas las carreteras radiales que parten desde la capital de España, sumado a la majestuosidad del edificio donde está enclavado el reloj, hizo que fuese el punto elegido por los madrileños de antaño para celebrar la llegada del nuevo año.

Desde que se colocó en 1866 el reloj en la torre de la Casa de Correos (actual sede de la Presidencia de la Comunidad de Madrid) bastantes eran las personas que se dejaban caer por allí el último día del año y esperaban escuchar sonar las 12 campanadas que les anunciaba el cambio de dígito.

Eran tiempos en los que no era habitual tener un reloj en los hogares y en el que las familias al completo iban a recibir el año nuevo frente al reloj y/o campanario que les pillaba más cerca. En los pueblos era típico reunirse en la plaza del ayuntamiento.

Tuvo una especial relevancia la celebración de Nochevieja de 1899, para aquella ocasión, muchos fueron los que se acercaron hasta la Puerta del Sol.

Pero tal y como lo conocemos actualmente, con celebración, cotillón y fiesta a lo grande, nos viene importado desde Norteamérica, donde a partir de 1907 se impuso la moda de despedir multitudinariamente el año en la calle desde el famosísimo Times Square. Poco a poco el festejo popular y callejero se fue imponiendo en nuestro país.

La llegada de la radio a muchos hogares, a partir de mediados de la década de 1920, hizo que cada vez fuera menor la afluencia a las plazas y lugares públicos, pasando a celebrarse cada vez más en fiestas privadas en casas, restaurantes y hoteles, donde escuchaban la retransmisión radiofónica de las doce campanadas.

En España ayudó a popularizar la Puerta del Sol como lugar de celebración el hecho de empezar a retransmitirse por Televisión Española, a partir de 1962, las campanadas de fin de año. A partir de entonces, cada año se ha retransmitido desde ese lugar, a excepción de una única vez en la Nochevieja de 1972, en que se realizó desde el reloj del Ayuntamiento de Barcelona, situado en la Plaça Sant Jaume.

¿Cuál es el origen de las tradicionales lentejas de Nochevieja en Italia?

En Italia la tradición para la noche de Fin de Año («Notte di Capodanno») es comerse un sabroso plato de lentejas.

Muchos fueron los pueblos de la antigüedad en los que esta legumbre fue considerada como un símbolo de prosperidad y el hecho de llevar encima un puñado de lentejas acabó convirtiéndose en un amuleto. Por tal motivo, en la Antigua Roma se inició la costumbre de regalar un bolsito de cuero (conocido como «scarsella») que contenía un puñado de lentejas, con el deseo de que éstas se convirtieran en monedas de oro y dieran prosperidad y riqueza para todo el año.

De ser regaladas en un bolsito pasaron a ser servidas ya cocinadas y en la Edad Media comenzaron a acompañarlas de 'cotechino' o 'zampone', dos sabrosos embutidos que se cocinan (el segundo tiene la curiosa forma de pata de cerdo).

Tradicionalmente se servía a la hora del almuerzo del último día del año (en muchos lugares de Italia todavía se realiza así) y con el tiempo pasó a ser el plato estrella de la Nochevieja, debido a la creencia de que si era lo último y primero que se comía en el tránsito de un año al otro proporcionaría suerte y prosperidad para todo el resto del año que entraba.

La gran emigración de italianos hacia el continente americano del siglo XIX llevó consigo sus tradiciones, entre ellas el servir lentejas en Fin de Año, motivo por el que hay tantos países latinoamericanos en los que también es costumbre comerlas en esta fecha.

Si la vendimia termina en octubre ¿cómo es posible que las uvas lleguen en tan buen estado hasta Nochevieja?

Varias son las razones por las que al finalizar el año podemos disfrutar de esta rica fruta y encontrarla en los comercios en un perfecto estado de conservación. Uno de los motivos es porque algunas de las uvas que actualmente consumimos (desde hace unos cuantos años) provienen de otros países, cuyas temperaturas son propicias para que a esta altura del año se puedan comercializar. Una gran cantidad de uva que se vende en comercios de España es originaria de Perú (el país andino es el tercer productor mundial de la conocida como «uva peruana») e incluso de Namibia y Sudáfrica, cuya variedad de uva blanca sin semillas se está comercializando muchísimo y es de gran aceptación entre muchos consumidores que prefieren comerla sin encontrarse granos en esta fruta.

Pero, actualmente, la presencia en España de uva importada desde fuera, aunque importante, es mínima y la mayoría de esta fruta que es consumida (en este caso en Nochevieja) proviene de viñas autóctonas.

Una de las regiones que mayor fama tiene es el alicantino Valle del Vinalopó, donde se cosecha una variedad conocida como «Uva de mesa embolsada de Vinalopó» y que dispone de Denominación de Origen propia.

Esta uva (al igual que la de otras regiones del país que también realizan está práctica) se caracteriza por envolver los racimos con unas bolsas de papel que protegen a la fruta de las inclemencias meteorológicas (como la lluvia, el frío o el sol) y alargando así su tiempo de vida; motivo por el que llegan en ese impecable estado a Fin de Año.

También debemos tener en cuenta que hoy en día se dispone de cámaras de conservación que permiten alargar la vida de la uva (y casi cualquier otro alimento) mucho más tiempo y que se mantenga en condiciones óptimas para el consumo.

Otra de las técnicas, además antiquísima y que hace decenas de siglos ya se practicaba para conservar y alargar la vida de las uvas, es la conocida como «uva de cuelgue» que consistía en colgar los racimos (una vez recogidos en la vendimia) en lugares como los cercados techados o cuevas y así se aseguraban de disfrutar de esta fruta durante el invierno.

Esto se hacía para tenerlas oreadas (aireadas) y también servía para que la uva acabara convirtiéndose con el tiempo en uvas pasas (tras deshidratarse y oxidarse por la sobremaduración). Esta técnica todavía se utiliza (a pequeña escala) en algunos lugares y sobre todo en aquellos sitios donde se ha querido recuperar las técnicas ancestrales de conservación de los alimentos.

Cabe destacar que relacionada con esta práctica de orear la uva, existía la tradición de colgar algún racimo en el interior de las casas porque tenían la creencia de que la uva era un símbolo de abundancia y que en aquel lugar donde había uvas colgadas no faltaría el dinero.

¿Cuál es el lugar del planeta en el que se entra antes al nuevo año?

La isla Kiritimati (en el archipiélago de Kiribati), que en castellano se traduciría como «isla Navidad», se encuentra situada en el Océano Pacífico, al noreste de Australia y a 232 km. por encima del Ecuador. Es la isla más oriental del planeta y le corresponde el privilegio de tener el primer huso horario del planeta lo que la convierte en el primer lugar en recibir al Año Nuevo.

Kiritimati cuenta con una población de algo más de seis mil habitantes, pero en Nochevieja la cifra puede llegar a duplicarse por la cantidad de viajeros que se desplazan hasta allí para vivir la experiencia de estar en el lugar del planeta en el que se celebra antes la entrada del nuevo año.

La diferencia horaria con España es de 13 horas, por lo que cuando nosotros nos estamos tomando las uvas, ellos ya están con la comida de Año Nuevo.

Desde el 2011, el privilegio de ser los primeros en recibir el año está compartido con las islas de Samoa y Tokelau, ambas en el Océano Pacífico. Hasta ese año estaban en el último huso horario, pero sus respectivos gobiernos decidieron adelantar su hora lo que les hizo pasar de día.

El archipiélago al que pertenece la Isla Kiritimati fue utilizado en las décadas de los años 50 y 60 para realizar pruebas con bombas nucleares por parte del gobierno británico y estadounidense.

¿Cuál es el último lugar del planeta en recibir el Año Nuevo?

Curiosamente el lugar del planeta con el último huso horario está en el Océano Pacifico y muy cerca de la mencionada isla Kiritimati (con el primer huso) y mencionada en la curiosidad anterior. Se trata de las islas Howland y Baker, unos atolones, de poco más de 1,6 kilómetros cuadrados cada una y que se encuentran despoblados y que pertenecen a los Estados Unidos (de hecho son conocidas como «US Minor Outlying Islands», Islas Menores Alejadas de EEUU o Islas Ultramarinas Menores de EE.UU.) y que se encuentran a medio camino entre Hawái y Australia.

La diferencia horaria con España es de 13 horas menos, por lo que cuando el reloj de la Puerta del Sol están sonando las doce campanadas que anuncian el nuevo año en las islas Howland y Baker están todavía en las once de la mañana o, por decirlo de otro modo, cuando en España estamos haciendo el aperitivo de la una del mediodía de Año Nuevo esas alejadas islas perdidas en pleno Pacífico despiden el año.

¿Sabías que fue una rebelión celtíbera la que hizo trasladar el inicio del año al 1 de enero?

El hecho de que el año se inicie el 1 de enero no se designó tras un profundo estudio astronómico que determinase que esa era la mejor fecha, sino que fue propiciada gracias una rebelión que tuvo lugar en el año 155 a.C. en el asentamiento de Segeda y que acabó en las famosas «Guerras Celtibéricas».

Como bien sabemos, los diferentes calendarios por los que nos hemos regido, y el que actualmente utilizamos, se diseñaron con el propósito de ajustar, corregir y eliminar los desfases existentes en la medición del tiempo.

En el antiguo Calendario Romano el año se iniciaba a principios del mes de marzo (Martius, en honor a Marte, Dios de la Guerra). Este mes también traía consigo la llegada de las siembras y al que seguía un periodo de prosperidad, acompañada de la entrada de la primavera.

Esto propiciaba que, tras iniciarse el año, el 15 de marzo (conocido como el Idus de marzo) fuese el día escogido para elegir a los representantes y administradores del Estado (Senadores, Cónsules, etc) pero, sobre todo, para tomar todas aquellas grandes decisiones referentes a las guerras e intervenciones que la República Romana estaba desplegando por aquel entonces.

Durante la Primera Guerra Celtíbera (181-179 a.C.), se firmó un tratado en el que se prohibía fundar nuevas ciudades fortificadas, pero esto no sirvió de excusa para que los pobladores de Segeda quisieran levantar una muralla que rodease el oppidum y cuyo perímetro tenía 7,5 kilómetros.

Dicho asentamiento se encontraba en la zona geográfica en donde hoy en día está la zaragozana población de Mara, muy próxima a Calatayud.

El gobierno de Roma tras conocer la noticia debía intervenir en el asunto y mandar con la mayor premura posible un importante contingente de hombres que repeliesen y frenasen lo que consideraban una intolerable insurrección.

Pero se encontraron con un inconveniente para llevar a cabo dicha represión bélica: estaban en pleno invierno y faltaban varios meses para el Idus de marzo y con ello la fecha en la que se decidía todos los asuntos de Estado y guerra.

Si esperaban a marzo, entre que se aprobaba, se reunía a los soldados que formarían el ejército (30.000 miembros, jinetes y tropas auxiliares) y se enviaban hasta allí, se encontrarían de nuevo en pleno invierno, el gran enemigo de los ejércitos atacantes en cualquier guerra (tal y como ha demostrado la Historia posteriormente).

Para llevar a cabo todo el plan de ataque, éste debería producirse en época estival, por lo que esto llevó a realizar un estratégico cambio en el calendario por el que hasta entonces se regían, decidiendo adelantar el inicio del año a enero (Ianuarius, en honor al Dios Jano).

Y hecha la ley, hecha la trampa… Roma adelantó tres meses en su calendario el año nuevo, propiciando la toma de decisiones y el traslado del importante contingente que se envió, iniciándose de este modo la Segunda Guerra Celtibérica.

Los belos, pobladores de Segeda, ante el ataque romano huyeron hacia el enclave de los arévacos, en el asentamiento de Numancia, donde se refugiaron y unieron fuerzas para encararse al enemigo romano en la famosa y épica Guerra Numantina.

Hoy en día, más de dos mil años después de lo acontecido con nuestros antepasados celtíberos, les debemos a ellos que, a causa de una decisión por pura estrategia militar, celebremos el inicio del año cada 1 de enero.

¿Sabías que en algunos países el día de Navidad se celebra el 6 de enero?

En un buen número de países, en los que la Iglesia Ortodoxa (una de las ramas del cristianismo) es la confesión oficial y mayoritaria (como por ejemplo Rusia, Armenia, Bielorrusia, Egipto, Etiopía, Georgia, Kazajstán o Serbia), las festividades de Nochebuena y Navidad no se celebran el 24 y 25 de diciembre respectivamente, sino el 6 y 7 de enero.

Eso se debe a que los ortodoxos siguen rigiéndose por el «calendario juliano» (creado por el emperador Julio César en el año 46 a.C.), en lugar del «calendario gregoriano» que se utiliza en la mayor parte de países de occidente y en la Iglesia Católica (ideado por el papa Gregorio XIII en 1582) existiendo entre ambos calendarios trece días de desfase.

Y es que, originalmente, el día del nacimiento del Mesías (Nochebuena) se celebraba el 6 de enero, junto a la epifanía de los Reyes Magos y el bautismo de Jesús, tres celebraciones que con el paso del tiempo se fue cambiando de fecha en los países que se regían por el calendario gregoriano y que sin embargo continuó manteniéndose en aquellos que siguen rigiendo sus festividades con el antiguo calendario juliano (las comunidades ortodoxas).

Curiosamente nos podemos encontrar con países en el que, con varios siglos de retraso, se acogieron al calendario gregoriano (como es el caso de Rusia, que lo hizo en 1918), pero que siguen manteniendo las fechas antiguas de sus fiestas tradicionales y religiosas.

Eso sí. No solo hay diferencias en las fechas navideñas entre católicos y ortodoxos, también lo hay en la forma de celebrarlas, siendo mucho más austeras las de la Iglesia Ortodoxa en la que los menús no son de abundante comida sino más bien austera y en algunos casos (como en Etiopía) llegando a hacer algún día de ayuno.

Cabe destacar que no todos los ortodoxos celebran la Navidad acorde con el calendario juliano, como es el caso de la griega, chipriota, búlgara o la de Jerusalén.

Los trece días de desfase entre ambos calendarios también provoca que se traslade las fechas de Año Nuevo (13 de enero) y la Epifanía (19 de enero).

La tradición de colocar telarañas en los árboles de Navidad de Ucrania

Ucrania es un país cuya religión mayoritaria es la ortodoxa y, por tanto, celebra el día de Navidad el 6 de enero, tal y como ya te he explicado en la entrada anterior.

Las costumbres navideñas de este país de Europa del Este van a medio camino entre la tradición del rito ortodoxo y la festividad consumista occidental y, por tanto, en los hogares hay una amalgama de celebraciones.

Los ucranianos a la hora de decorar el árbol de Navidad (llamado «Yalynka») utilizan las tradicionales bolas, luces, guirnaldas, figuritas y una vez finalizado cubren todo ello con una telaraña, además de esconder una araña entre las ramas.

Evidentemente, tanto el arácnido como la red que se colocan son falsos y esta costumbre se originó a raíz de una antigua leyenda popular de finales del siglo XIX, de la que hoy circulan numerosas versiones con diferentes elementos o protagonistas.

La más famosa es la que explica la historia de una pobre viuda con hijos pequeños que al llegar la Navidad no tenía dinero para comprar los adornos para colocar en el Yalynka. A pesar de su extrema pobreza cogió unas pocas cosas que tenía en la casa (como nueces y algunas frutas) y adornó un árbol que había frente a la cabaña donde vivían, con el fin de conmemorar el nacimiento del Niño Jesús. Esa noche, mientras dormían, un grupo de arañas que había en el árbol tejieron una enorme telaraña que lo cubrió y a la mañana siguiente, tras amanecer, el primer rayo de sol convirtió la red de araña en hilos de oro y plata.

Dependiendo de la región de Ucrania se le da diferentes detalles a esta leyenda, pero los elementos coincidentes de todas las historias son la viuda pobre, el árbol, las arañas y la telaraña que se convierte en los preciados metales.

Siguiendo la tradición, las familias ucranianas cubren sus árboles navideños con una telaraña (suele ser de un spray que se vende, como el usado en la fiesta de Halloween) y esconden entre las ramas del Yalynka una araña, la cuál debe ser encontrada por los más pequeños de la casa el día de Navidad. Quien la encuentre recibirá un regalo adicional, será afortunado todo el año o será el primer miembro de la familia en abrir sus regalos, algo muy similar a lo que se hace con la tradición de esconder un pepinillo y que te he explicado en otra entrada de este libro.

¿Por qué los Reyes Magos ofrecieron a Jesús 'oro, incienso y mirra'?

Como bien sabréis, los descritos como los «Reyes Magos de Oriente» son Melchor (procedente de Europa, un hombre anciano de pelo y barbas blancas), Gaspar (el más joven de los tres, de pelo rubio y proveniente de Asia) y Baltasar (de mediana edad, origen africano y piel negra).

Según relata el Evangelio de Mateo (2:11), los presentes que ofrecieron, los nombrados como 'sabios', al llegar frente al Mesías Jesús fueron tres cofres que contenían «oro, incienso y mirra».

Es habitual creer que el orden de los regalos sea el mismo que con el que nombramos normalmente a Reyes Magos (Melchor, Gaspar y Baltasar), pues muchas son las personas que creen que fue Melchor quien entregó el oro, pero en realidad (o así se indica en los escritos) fue Baltasar quien lo agasajó con el metal precioso.

El porqué de cada regalo también tiene su explicación:

Baltasar entregó el preciado oro a Jesús ya que éste era considerado el «Rey de Reyes» y ese presente era el que estaba destinado para los monarcas y altos dignatarios.

Gaspar obsequió al Mesías con incienso, pues se trataba del «hijo de Dios» y a las divinidades se les rendía culto en los altares quemando incienso.

Melchor ofreció la mirra por que Jesús era hombre y como tal moriría joven, siendo necesaria esa resina para que su madre (María) pudiese ungir el cuerpo sin vida cuando llegase el momento del deceso.

¿En qué países se celebra el 'Día de Reyes'?

Durante la evangelización del continente europeo una de las historias más compartidas fue la que hablaba sobre la llegada a Belén de tres sabios, conocidos popularmente como «Reyes Magos», y que en realidad parece ser que era un número superior (aunque la transmisión de una generación a otra, con el paso de los siglos, dejó a estos entrañables personajes en tres).

La tradición de esta festividad podemos encontrar que donde más se celebra de todo el planeta es en España, siendo éste el país que mantiene un mayor arraigo sobre los Reyes Magos. En otros lugares como Bélgica, Austria, Polonia o Alemania también existe dicha tradición y el hecho de ser tan venerados en Centroeuropa es debido a que, tal y como te explico en la siguiente entrada, en la Catedral de Colonia se exhibe una arqueta que contiene las reliquias.

También en algunas regiones de Francia, Italia y Portugal podemos encontrar que sigue celebrándose.

En aquellos países del continente americano en la que hubo una importante presencia española continúan realizándose diferentes celebraciones en torno a los Reyes Magos, como México, Argentina, Uruguay, República Dominicana, Colombia, Venezuela, Paraguay, Puerto Rico o Cuba, e incluso en algunas partes de Filipinas («Tatlong Hari» los llaman) sigue manteniéndose esta tradición.

¿Por qué las reliquias de los Reyes Magos se encuentran en la Catedral de Colonia?

El hecho de que los restos de los Reyes Magos se encuentren en la Catedral de Colonia se debe a la conquista del norte de Italia, durante la segunda mitad del siglo XII, llevada a cabo por Federico I de Hohenstaufen (conocido como «Barbarroja»), emperador del «Sacro Imperio Romano Germánico», quien expolió la ciudad de Milán, llevándose consigo todo aquello que consideró que tenía un gran valor.

Entre lo que se apropió se encontraban las reliquias de los Reyes Magos, las cuales habían llegado a Milán en el siglo IV llevadas desde Constantinopla por Eustorgio (religioso cristiano que tras su muerte fue canonizado).

El emperador decidió regalar dichas reliquias a Reinaldo de Dassel, el hombre al que Barbarroja había nombrado canciller jefe de Italia y que además ejercía como arzobispo de Colonia, por lo que éste vio la posibilidad de levantar un nuevo templo religioso en esta importante población situada al Oeste de Alemania.

Aunque las reliquias llegaron a Colonia en el año 1164, no fue hasta mediados del siglo XIII (1248) cuando comenzaría a levantarse la catedral y ésta no sería terminada hasta 1880. Tras el altar mayor se colocó una monumental arqueta gótica en las que se encuentran los restos que son visitados por cientos de miles de personas que peregrinan hasta allí.

¿Desde cuándo se celebra la cabalgata de los Reyes Magos?

Uno de los actos más tradicionales en la media tarde del 5 de enero es acudir a la «cabalgata de los Reyes Magos» que se realiza en prácticamente todas las poblaciones de España. Eso si, aquellas personas que no pueden acudir pueden presenciar la llegada y desfile de Sus Majestades de Oriente a través de las retransmisiones que se ofrecen en televisión.

La cabalgata es un acto festivo que congrega a una multitud de personas (pequeños y mayores) que se acercan hasta las avenidas principales de la población para ver pasar a los Reyes Magos acompañados de sus pajes y un sinfín de personajes, en un desfile lleno de música, color y, sobre todo, caramelos que son lanzados desde las carrozas.

Esta tradición nació en España y prácticamente todas las fuentes e historiadores señalan que la primera cabalgata tuvo lugar en Alcoy en el año 1866, en el que un grupo de vecinos decidieron poner en marcha esta iniciativa y desfilar por las calles de esta población alicantina portando la figura de un personaje local llamado «Tío Píam». Evidentemente, más que una cabalgata como las que estamos acostumbrados a ver hoy en día, era algo más parecido a una comparsa entre amigos.

Parece ser que dicha cabalgata de Alcoy fue intermitente y no llegó a celebrarse todos los años posteriores, sino de vez en cuando y otras fueron las poblaciones que, con el tiempo, copiaron la idea y, al hacerlo de un modo continuo se atribuyen el haber sido los originarios (varias poblaciones del Levante e incluso de Cataluña).

Otra población que entra en liza para otorgarse el honor de ser quienes organizaron la primera cabalgata es Granada, en la forma de desfile festivo realizado tal y como lo conocemos en la actualidad. Y eso se debe a un grupo de intelectuales granadinos y a los miembros del «Centro Artístico de Granada» quienes pusieron en marcha, en 1910, la recuperación de una antigua representación teatral sobre la «Adoración de los Reyes Magos», la cual la hicieron itinerante y a través de las calles de esta población andaluza.

Hacia finales de aquella misma década, numerosas eran las poblaciones que habían copiado ese tipo de desfile en el que los protagonistas centrales de las mismas eran los Reyes Magos y acabó derivando en las cabalgatas tal y como las conocemos en la actualidad.

¿Cuál es el origen del tradicional Roscón de Reyes?

Muchas son las tradiciones paganas que con el transcurrir de los años han acabado incorporándose en las celebraciones de corte religioso, y este es el caso del famoso «roscón de Reyes», protagonista indiscutible de la sobremesa cada 6 de enero (en algunos hogares se tiene la costumbre de comerlo el día 5 por la tarde, en la víspera del día de Reyes). Sin embargo su origen nada tiene que ver con el nacimiento de Jesús y la llegada de los Reyes Magos al Portal de Belén.

Para encontrar su verdadero origen hemos de viajar varios siglos antes del nacimiento de Cristo, en el que a mediados del mes de diciembre, tras la finalización de los trabajos en el campo y a lo largo de una semana, se realizaban unas celebraciones conocidas como las «Saturnales» (como homenaje a Saturno, dios de la agricultura y las cosechas). En ellas se festejaba la finalización del periodo más oscuro del año y el inicio de la luz (hemos de tener en cuenta que en aquella época el año no acababa en diciembre, sino que se alargaba hasta finalizar el mes de febrero).

Las Saturnales eran un periodo de fiesta y jolgorio en el que los esclavos estaban excusados de cualquier trabajo y podían pasar esos días de una manera divertida y licenciosa. Entre las muchas viandas que se preparaban para la celebración se incluía una torta a base de miel en la que se le introducía algunos frutos secos, dátiles e higos. Este postre se convirtió en uno de los más populares durante la celebración de la «fiesta de los esclavos», como también era conocido dicho festejo.

Se calcula que fue en el siglo III d.C. cuando se introdujo la conocida haba, símbolo de prosperidad y fertilidad, por lo que a aquel que se encontraba en su porción de torta con esta legumbre se le auguraba felicidad durante el resto de año.

Tras finalizar la persecución a los cristianos e imponerse esta religión como la oficial en el Imperio Romano, las celebraciones paganas (entre ellas las Saturnales) fue desapareciendo, pero no así algunas costumbres como la de la torta que contenía un haba y que con los años había ido adquiriendo la forma de roscón.

No en todos los lugares se mantuvo la costumbre de comer este postre, aunque sí quedó bastante arraigada en Francia donde se convirtió en toda una tradición entre la aristocracia y realeza gala y en la que adquirió gran parte de su actual popularidad. Las familias se reunían para comerlo y ver quién era el afortunado al que le salía tal preciada legumbre, comenzando a ser conocida tal celebración como «el Rey del haba» [le Roi de la fave].

Fue en el siglo XVIII cuando un cocinero con ganas de contentar al pequeño rey Luis XV introdujo como sorpresa en el roscón una moneda de oro (algunas fuentes indicaban que fue un medallón de oro y rubíes). Evidentemente, a partir de ese momento la moneda adquirió más valor simbólico que el haba, convirtiéndose en el premio deseado, mientras que nadie quería que le tocase la famosa legumbre.

Aunque la tradición de comer el roscón y todo lo que conllevaba ya era conocida en España, Felipe V trajo la nueva modalidad de introducir una moneda como premio (que con los años se cambió por una figurita de cerámica) a la vez que el haba en el postre se había convertido en un símbolo negativo.

Algunas fuentes apuntan que, durante un tiempo, la costumbre de introducir un haba desapareció, volviendo a reaparecer a mediados del siglo XIX, siendo escogida la tradicional fecha del día de Reyes para ser degustado y creando alrededor de este riquísimo dulce toda una parafernalia en la que el afortunado al que le salía la figurita era coronado como el rey de la fiesta y al que le salía el haba debía pagar el postre.

El insulto 'tontolaba' y su curiosa relación con el tradicional Roscón de Reyes

El término «tontolaba» proviene de la costumbre de poner en los Roscones de reyes un haba y un regalo, tal y como explico en la entrada anterior.

A aquel que le tocaba el regalo era coronado como «el rey de la fiesta» y, por el contrario, a quien le tocaba el haba tenía que pagar el roscón y era llamado el «tonto del haba»; de ahí viene la transformación de la palabra, unida y sin h, hasta llegar a tontolaba.

¿Qué día se considera el último de las fiestas navideñas? ¿Cuándo debe quitarse el pesebre y adornos?

Hay quienes defienden que el periodo de Navidad se termina con la «Epifanía» o, como conocemos popularmente, «Día de los Reyes Magos». De hecho hasta bien entrado el siglo IV el día del nacimiento de Jesús se celebraba el 6 de enero.

Otros defienden que el periodo navideño debe alargarse una semana más, en lo que en el catolicismo se conoce como «las Octavas» (heredado de la tradición Judía) y que consiste en alargar una celebración durante siete días más después de una fiesta religiosa. Así pues para algunas personas las fiestas navideñas no terminan hasta una semana después de la Epifanía.

También nos encontramos en muchísimos lugares que a quien hacen caso es al refranero popular y aplican aquello de «Hasta San Antón, Pascuas son» y es el 17 de enero el día que tienen como fecha límite para tener montado los pesebres y adornado el árbol de Navidad.

Pero no todo el mundo hace caso a este famoso refrán y nos encontramos con infinidad de personas y lugares que mantienen la tradición de mantener la decoración navideña hasta el 2 de febrero, «Fiesta de la Candelaria».

Este día es el que hace cuarenta desde la fecha en la que, desde el siglo IV, se dató como el nacimiento de Jesús (25 de diciembre) y acogiéndose a la antigua tradición judía por la que se presentaba a los recién nacidos ante los sacerdotes del templo cuando habían cumplido cuarenta días de vida. Y según las Sagradas Escrituras así consta en la presentación de Jesús en el Templo de Jerusalén, además de realizarse la 'purificación' de la Virgen María tras haber parido (la famosa cuarentena de las parturientas).

Así pues, para muchísimas personas el día que realmente se considera como el último de las fiestas navideñas es el 2 de febrero, «Fiesta de la Candelaria» (también conocida como «Fiesta de la Luz»).

Breve diccionario navideño

Para finalizar este libro y antes de las páginas dedicadas a las fuentes de consulta y bibliografía, tienes un 'breve diccionario' en el que podrás encontrar un centenar de términos, conceptos o personajes relacionados con la Navidad que aunque ya aparecen nombrados en diferentes entradas de este volumen te ayudaran a recordar más fácilmente algunas de las curiosidades que has podido leer.

Adviento: Tiempo litúrgico de preparación de la Navidad, en las cuatro semanas que la preceden

Aguinaldo: Propina que se da en Navidad.

Alberto de Sajonia: Príncipe alemán que contrajo matrimonio con la reina Victoria I de Inglaterra y que llevó hasta el Reino Unido la tradición de decorar un árbol durante las fiestas navideñas.

Anguleru: Pescador encargado de llevar los regalos a los niños y niñas asturianos en Nochebuena.

Apalpador: Carbonero encargado de llevar los regalos a los niños y niñas gallegos en Nochebuena y Fin de año. Cuando los pequeños duermen les toca la barriga para comprobar si se comen todo lo que le ponen en el plato sus progenitores.

Asentamiento de Segeda: Asentamiento celtibérico (cerca de la actual Calatayud) donde tuvo lugar en el año 155 a.C una rebelión que provocó que, en el antiguo calendario Romano, se trasladara el inicio del año al 1 de enero.

Babushka: Anciana encargada de llevar los regalos a los niños y niñas de Rusia.

Baltasar: Uno de los tres Reyes Magos. Se le representa de piel negra. Regaló al Niño Jesús el oro.

Befana: Bruja encargada de llevar los regalos a los niños y niñas de Italia.

Belén: Localidad de Palestina en la que nació Jesucristo. También es el modo en el que es llamada la representación, con figuras, del Nacimiento.

Bonhomme Noël: Modo en el que se llama o conoce el personaje de Papá Noel en Francia, encargado de llevar los regalos en Nochebuena.

Boxing day: Día destinado en el Reino Unido (y cada vez en más lugares) a realizar donaciones y entrega de regalos a los más necesitados. Tiene lugar el 26 de diciembre.

Caganer: Figura que se coloca en el pesebre o belén navideño de muchos hogares de Cataluña y que representa a un campesino defecando.

Calendario de Adviento: Calendario que marca la cuenta atrás, desde el 1 de diciembre hasta el día de Nochebuena. Actualmente se regala a los más pequeños de la casa y cada día se abre una ventanita para extraer un regalo (en forma de chocolatinas y dulces).

Calendario Gregoriano: Calendario por el que se rige la mayor parte del planeta y las fiestas cristianas. Fue ideado por el papa Gregorio XIII en el año 1582 en sustitución del calendario Juliano.

Calendario Juliano: Calendario ideado por el emperador Julio césar en el año 46 a. C. y por el cual todavía se rigen algunas religiones, como la ortodoxa, cuyas celebraciones Navideñas tienen lugar 13 días después respecto al calendario Gregoriano.

Carbón: Forma de regalo que, en la actualidad, está hecho a base de azúcar y que se deja a los niños y niñas que se han portado mal. Antiguamente era carbón de verdad y era un regalo con una connotación positiva.

Carbonilla: Uno de los pajes de los Reyes Magos, encargado de dejar el carbón en los hogares.

Catedral de Colonia: Templo católico de Alemania en el que reposan las reliquias de los Reyes Magos, entregadas en el siglo XII por el rey Federico I de Hohenstaufen tras llevárselas de Milán, donde habían estado depositadas.

Cayetano de Thiene: También conocido como San Cayetano, fue el encargado de poner de moda, a partir del siglo XV, el colocar un pesebre o belén navideño en los hogares de Nápoles.

Cesta de Navidad: Lote de diversos productos (mayoritariamente de beber y comer) que se regala a los trabajadores en Navidad.

Charles y Michel Pompidor: Propietarios del restaurante Maison Dorée que abrió sus puertas en Barcelona en 1897 y que importaron a Cataluña la tradición de comer canelones el día de San Esteban, festividad en esta comunidad.

Christingle: Tradición anglosajona (que se originó en Alemania) que consiste en adornar una naranja con una vela, una cinta roja y cuatro palillos con frutas escarchadas.

Christkind: También llamado 'SKris Kringle', es el personaje, en forma de Niño Jesús, encargado de llevar los regalos a los hogares de un gran número de países (sobre todo de Centroeuropa) el 6 de diciembre.

Christmas pickle: Adorno del árbol de Navidad en forma de pepinillo, muy típico en Estados Unidos y que fue importada por los inmigrantes alemanes de finales del siglo XIX. Esta figura se esconde entre las ramas del árbol y el niño o niña que lo encuentra tiene un regalo extra.

Ciriaco González Carvajal: Ministro español de principios del siglo XIX que fue el ideólogo del sorteo de la lotería de Navidad en 1812.

Ded Moroz: Conocido como 'el Abuelo del Invierno', es el encargado de llevar los regalos a los hogares de Rusia. Es un personaje de la cultura y folklore ruso de la época precristiana. Desde finales del siglo XIX va acompañado de su nieta Snegúrochka ('la Doncella de la Nieve').

Día de las velitas: Celebración que se realiza en Colombia la noche del 7 de diciembre, víspera de la festividad de la Inmaculada Concepción, que consiste en iluminar todas las calles y hogares colombianos con velas.

Diario de Barcelona: Célebre periódico de la Ciudad Condal que en la década de 1830 imprimió unos tarjetones a modo de felicitación navideña y que eran entregados por los repartidores y vendedores de este rotativo barcelonés y que fue el precursor de las felicitaciones de los distintos gremios de oficios.

Doce días de Navidad: Periodo litúrgico que va desde el 25 de diciembre al 6 de enero y que componen la festividad de la Navidad. En algunas ramas del catolicismo se adelanta un día y abarca desde el 24 de diciembre al 5 de enero.

Espumillón: Tira con la que se adorna el árbol de Navidad (también llamado 'oropel' o 'guirnalda').

Fiesta de la Candelaria: Festividad que se celebra el 2 de febrero y que, para muchas culturas, es la fecha en la que finaliza el periodo de Navidad y debe desmontarse el pesebre, árbol y demás adornos navideños.

Fiesta del Zapato: Representación teatral que se realizaba en España el 6 de diciembre y que se originó en el siglo XVI. Con el tiempo, aquella misma jornada también fue, inicialmente, el día en el que se entregaban los regalos navideños. Muchos países continúan haciéndolo en esta fecha.

Flor de Navidad: Planta originaria de México y de hojas rojas y que se encuentran en muchos hogares y comercios durante la Navidad. Es muy típico regalarlas hacia principios de diciembre. También se conoce como Flor de Pascua o Poinsettia.

Frey: Dios del Sol y la fertilidad en la cultura celta, a quien se le realizaba ofrendas en el solsticio de invierno a través de un árbol conocido como Idrasil y que con el paso del tiempo dio origen al árbol de Navidad.

Gaspar: Uno de los tres Reyes Magos (el más joven). Se le representa con cabello y barba rubios. Regaló al Niño Jesús el incienso.

Guirnalda: Tira con la que se adorna el árbol de Navidad (también llamada 'oropel' o 'espumillón).

Gregory de Nicopolis: Monje del siglo X al que se le atribuye la invención del pan de jengibre y que, con el paso de los años acabó convirtiéndose en las típicas galletas de jengibre navideñas y que suelen ser realizadas con forma humana.

Hanukkah: Festividad judía que tiene lugar hacia finales del año, también conocida como 'Fiesta de las Luces' o 'Luminarias'. A pesar de que algunos años coincide en la fecha con la Navidad cristiana, nada tiene que ver una celebración con la otra.

Herodes: Gobernante de Judea que ordenó la 'Matanza de los Inocentes' (bebés menores de dos años) en la época del nacimiento de Jesús.

Hombre de jengibre: Galleta de jengibre muy popular en Navidad y que es realizada con forma humana.

Idrasil: Árbol del Universo para la cultura celta, el cual era decorado durante el solsticio de invierno como homenaje al Dios Frey y que con el paso del tiempo dio origen al árbol de Navidad.

Incienso: Gomorresina que se prende como forma de rendir culto a los dioses y divinidades y que fue el presente entregado al Niño Jesús por el Rey Mago Gaspar.

Isla Kiritimati: Archipielago en el Océano Pacífico con el primer huso horario del planeta y, por tanto, el primer lugar en entrar en el Año Nuevo.

Islas Howland y Baker: Atolones pertenecientes a los Estados Unidos, muy cercanos a la isla Kiritimati, pero que tienen el último huso horario del planeta, lo que los convierte en los últimos lugares del planeta en recibir el nuevo año.

James Lord Pierpont: Estadounidense que en 1857 compuso la canción 'The One Horse Open Sleigh' y que dos años después reconvertiría en el popular villancico 'Jingle Bells'.

Joel Roberts Poinsett: Embajador de los Estados Unidos en México (entre 1825 y 1829) aficionado a la botánica que popularizó la planta conocida como 'Flor de Navidad' (también llamada 'Flor de Pascua' o 'Poinsettia' en su honor).

John Calcott Horsley: Ilustrador inglés al que sir Henry Cole encargó, en 1843, dibujar una estampa de navidad y que sería la precursora de las tarjetas de felicitación navideñas.

Jólabókaflód: Costumbre islandesa de regalar libros en Navidad.

Jólasveinar: Las trece criaturas mitológicas del folklore islandés que se encargan de hacer algunas trastadas los días previos a la Navidad, además de ser los encargados de llevar algunos regalos y dulces a los hogares de Islandia.

Jolly Swagman: Trotamundos australiano encargado de llevar los regalos en Nochebuena a los niños y niñas de este país.

Jorge V del Reino Unido: Monarca que dio el primer mensaje institucional de Navidad, en 1932, a través de la emisora de radio BBC.

Krampus: Personaje terrorífico con el que los progenitores de Centroeuropa amenazan a sus hijos que si se portan mal se los llevará por Navidad,

Las Posadas: Celebración, a medio camino entre lo lúdico y lo religioso, que se lleva a cabo en varios países latinoamericanos a lo largo de nueve días (entre el 16 y el 24 de diciembre), como homenaje al recorrido realizado por la Virgen María y San José hasta llegar a Belén.

Melchor: Uno de los tres Reyes Magos. Se le representa como un anciano, con cabello y barbas blancas. Regaló al Niño Jesús la mirra.

Milagro de la Anunciación: Cuando el 'Arcángel Gabriel' anuncia a la Virgen María que va a ser la madre de Jesús.

Mirra: Resina regalada por el Rey Mago Melchor al Niño Jesús para que su madre (María) pudiese ungir el cuerpo sin vida cuando llegase el momento de la muerte del hijo de Dios.

Misa del Gallo: Misa de vigilia nocturna en la medianoche del día de celebración del nacimiento del Mesías (Nochebuena).

Mrs. Santa Claus: Apodo que recibió Patti Lyle Collins, funcionaria del servicio postal estadounidense que a finales del siglo XIX contestó algunas cartas enviadas por niños y niñas a Santa Claus y a los más necesitados les envió regalos pagados de su bolsillo.

Muérdago: Planta perenne que los antiguos celtas le atribuían numerosas propiedades y que fue adoptada por el catolicismo para sus celebraciones, entre ellas la Navidad. Es muy típico colgar un ramo del techo y besar a la persona amada o deseada al pasar por debajo.

Navidad: Festividad en la que se conmemora el nacimiento de Jesucristo. En el cristianismo se celebra el 25 de diciembre y los ortodoxos el 6 de enero.

Navidad Ortodoxa: Los católicos ortodoxos celebran la navidad en base al calendario Juliano, trece días después que el cristianismo. Algunas de sus costumbres y ritos difieren entre unos y otros.

Nicolás de Bari: Obispo católico que vivió en la región de Licia (actual Turquía) entre los siglos III y IV y que dio origen al personaje de Papá Noel (Santa Claus, Sinterklaas, Bonhomme Noël o San Nicolás...).

Noche de Paz: Popular villancico titulado originalmente 'Stille Nacht' (Noche de silencio) y que fue compuesto en 1818 por el músico austriaco Franz Xaver Gruber por encargo del sacerdote Joseph Mohr para ser cantado en la Misa del Gallo, en la Nochebuena de aquel mismo año.

Novena de Aguinaldos: Celebración muy similar a 'Las Posadas' que se realiza también entre el 16 y el 24 de diciembre en Colombia, Ecuador y Venezuela y que tiene un carácter más religioso.

Novenario: Nueve misas que se celebran en Filipinas antes de la llegada de la Navidad, entre el 16 y el 24 de diciembre.

Olentzero: Personaje del folklore vasco-navarro y cuya profesión era la de carbonero, que es el encargado de llevar los regalos en Nochebuena a los niños y niñas de estas comunidades.

Oliver Cromwell: Líder político inglés que convirtió su país en una república en el siglo XVII. Profesaba el protestantismo radical y llegó a prohibir, entre otras muchas cosas, la celebración de la Navidad.

Oro: Metal precioso que fue regalado por el Rey Mago Baltasar al Niño Jesús, ya que éste era considerado el 'Rey de Reyes' y ese presente era el que estaba destinado para los monarcas y altos dignatarios.

Papá Noel: Personaje que lleva los regalos de Navidad a muchos hogares de habla hispana (entre ellos en España) y que es el análogo de Santa Claus, Sinterklaas, Bonhomme Noël o San Nicolás.

Pascua(s): Periodo en el que se celebra el nacimiento de Cristo y el reconocimiento y adoración de los Reyes Magos. También es la festividad más solemne de los hebreos, celebrada en la mitad de la luna de marzo. Al que hace referencia a la época de Navidad se nombra con una ese final (Pascuas).

Pesebre navideño: Modo en el que es llamada la representación, con figuras, del Nacimiento (también conocido como 'belén'). Bebedero para los animales que es en el que nació y fue depositado el Niño Jesús.

Poinsettia: Planta originaria de México y de hojas rojas y que se encuentran en muchos hogares y comercios durante la Navidad. Es muy típico regalarlas hacia principios de diciembre. También se conoce como Flor de Pascua o Flor de Navidad. Debe su nombre a Joel Roberts Poinsett, que fue quien la popularizó como una planta navideña.

Reina Victoria I de Inglaterra: Monarca de la segunda mitad del siglo XIX que tras contraer matrimonio con Alberto de Sajonia puso de moda el árbol de Navidad en el Reino Unido. También se le debe el haber popularizado el envío de tarjetas navideñas de felicitación.

Reyes Magos de Oriente: Personajes que aparecen nombrados en la Biblia como unos sabios que acudieron a llevar unos regalos al Niño Jesús. También son los encargados de traer los regalos a los niños y niñas la noche del 5 al 6 de enero (sobre todo en España).

Robert L. May: Redactor publicitario que por encargo de unos grandes almacenes escribió en 1939 un cuento sobre de Rudolph 'El reno de la nariz roja'.

Rovaniemi: Población de la Laponia (Finlandia) que se ha convertido en el lugar donde se ha declarado como residencia oficial de Papá Noel y en la que hay, entre otras cosas, un parque temático llamado 'Santa Claus Village'.

Rudolph: Uno de los nueve renos que tiran del trineo de Santa Claus, concretamente el que va delante y que se distingue por tener una nariz roja que se le luminiscente que ilumina el camino.

San Esteban: Primer mártir del cristianismo que murió lapidado el 26 de diciembre del año 34 d.C. Este día es festivo en algunos lugares que, antiguamente, estuvieron bajo el dominio del Imperio Carolingio.

San Francisco de Asís: Religioso que vivió entre los siglos XII y XIII y cuyo verdadero nombre era Giovanni di Pietro. A él se le debe el haber realizado un pesebre viviente con personas y animales reales en la población italiana de Greccio en el año 1223.

Santa Claus: Personaje que lleva los regalos de Navidad a muchos hogares de habla anglosajona (especialmente en Estados Unidos) y que es el análogo de Papá Noel, Sinterklaas, Bonhomme Noël o San Nicolás.

Santa Lucía: Mártir cristiana que sufrió la persecución y falleció, tras dolorosos suplicios, el 13 de diciembre del año 304. En su honor, esta fecha se da inicio a muchos de los mercadillos navideños donde se venden todos los elementos de decoración para las fiestas.

Santos Inocentes: Bebés menores de dos años que nacieron sobre la misma época que Jesús y que murieron asesinados por orden de Herodes ('Matanza de los Inocentes').

Sinterklaas: Personaje que lleva los regalos de Navidad a muchos hogares de Centroeuropa (como los Países Bajos). Es el nombre en neerlandés de San Nicolás y que en estados Unidos pasó a ser llamado Santa Claus.

Sir Henry Cole: Funcionario e inventor británico que encargó al ilustrador John Calcott Horsley, en 1843, dibujar una estampa de navidad y que sería la precursora de las tarjetas de felicitación navideñas.

Snegúrochka: Personaje surgido de cuentos navideños rusos de finales del siglo XIX y cuya traducción de su nombre es 'la Doncella de la Nieve'. En las últimas décadas aparece junto a 'Ded Moroz', conocido como 'el Abuelo del Invierno', y ambos se encargan de llevar los regalos a los hogares de Rusia.

Sol Invictus: Celebración pagana que se hacía en la Antigua Roma para dar la bienvenida al solsticio de invierno y que a partir del siglo IV el cristianismo sustituyó por la Navidad.

Sportula: Cesta de comida y víveres que en tiempos del pre-cristianismo se entregaba a los ciudadanos y trabajadores de la Antigua Roma y que, con el paso del tiempo, ha derivado a lo que actualmente conocemos como 'Cesta de Navidad'.

Takanakuy: Tradición indígena de ciertas zonas de Perú que consiste en arreglar los problemas y disputas vecinales a base de puñetazos y que se celebra la mañana del día de Navidad.

Tatlong Hari: Nombre en tagalo con el que son conocido los Reyes Magos en Filipinas, país del sudeste asiático y antigua colonia española, que sigue manteniendo esta celebración.

Thomas Nast: Ilustrador sueco, afincado en Estados Unidos, que en 1863 realizó un dibujo de Santa Claus para la revista Harper's Weekly, siendo quien le dio a este personaje la fisonomía de gordo barbudo bonachón y su peculiar vestimenta roja.

Tientapanzas: Personaje encargado de llevar los regalos a los niños y niñas de la población sevillana de Écija. Al igual que el 'Apalpador', cuando los pequeños duermen les toca la panza (barriga) para comprobar si se comen todo lo que le ponen en el plato sus progenitores.

Tió de Nadal: Personaje del folklore catalán encargado de 'cagar' los regalos de los niños y niñas de esta comunidad en Nochebuena. En la comunidad de Aragón es conocido como 'Tronca de Nadal'.

Tío Píam: Célebre personaje alcoyano cuya figura portaron en desfile un grupo de vecinos de la población alicantina de Alcoy el 5 de enero de 1866 y que, según los historiadores, dio origen a lo que actualmente conocemos como cabalgata de los Reyes Magos.

Tontolaba: Insulto en forma de cantarela que originalmente era 'tonto del haba' y que recibía aquel al que le tocaba el haba en el tradicional Roscón de Reyes. Según se estipulaba, debía ser quien pagase dicho postre.

Uva de cuelgue: Práctica antiquísima que consiste en colgar los racimos de uva, tras la vendimia, en lugares como cuevas o cercados techados, con la intención de alargar su duración y asegurarse de que esta fruta llegue en condiciones hasta Fin de Año.

Vieja del Monte: Personaje del folklore leonés, que representa a una entrañable anciana, encargada de llevar los regalos a los niños y niñas de esta región.

Villancicos: Canciones con pegadizos estribillos que se cantan en Navidad y que suelen estar relacionados con el nacimiento del Niño Jesús. Antes de convertirse en canciones religiosas era sobre temas cotidianos que ocurrían en las villas, de ahí su nombre.

Ypres: Población de Bélgica en la que durante la Nochebuena de 1914, medio año después de iniciarse la Primera Guerra Mundial, los soldados de los ejércitos de Alemania e Inglaterra hicieron una pequeña tregua de Navidad (que duró tan solo unas horas) y en la que charlaron amigablemente, cantaron villancicos e incluso jugaron un improvisado partido de fútbol.

Zwarte Piet: Personaje del folklore de los Países Bajos y cuyo nombre se traduce como 'Pedro el Negro' que es el encargado de llevar carbón a los niños y niñas holandeses y belgas que se han portado mal.

Fuentes de consulta y bibliografía

airandspace.si.edu/

blog.fuertehoteles.com/

blogs.elpais.com/oppenblog/

blogs.lne.es/fernandomonreal/

britishfood.about.com/

Catholic Customs and Traditions: Advent and Christmas - Greg Dues (Twenty-third Publications)

catholicsay.com

Celebrem el Nadal (Quan, com i perquè de la festa més gran) - Amadeu Carbó (Colección L'Ermità)

Christmas Drawings for the Human Race - Thomas Nast (Ed. Harper & Row)

Christmas in America - Antonia Felix (Running Press Book Publishers)

Christmas in Germany: A Cultural History - Joe Perry (The University of North Carolina Press)

Christmas Legends to Remember - Helen Haidle (Ed. David C. Cook)

curiosidadesdelahistoriablog.blogspot.com.es/

cvc.cervantes.es/

ecodiario.eleconomista.es/viralplus/

elkortxo.es/

Encyclopædia Britannica

en.wikipedia.org/

es.catholic.net/

es.euronews.com/

es.noticias.yahoo.com/blogs/cuaderno-historias/

es.wikihow.com/

es.wikipedia.org/

etimologias.dechile.net/

expansion.mx/

From Christmas to Twelfth Night in Southern Illinois - John J. Dunphy (Arcadia Publishing Incorporated)

gbtimes.com/

grapevine.is/

Handbook of Christian Feasts & Customs - Francis X. Weiser (Ed. Harcourt)

hispanos.about.com/

holyjoe.org/

japantoday.com/

lameva.barcelona.cat/

learning2see.aminus3.com/

magazine.trivago.es/

magonia.com/

mitologia.fandom.com/

Mitos y ritos de la Navidad: origen y significado de las celebraciones navideñas - Pepe Rodríguez (Ediciones B)

moroscristiansdealcoi.blogspot.com

naukas.com/ (Javier García blanco)

navidad.com/

navidad.es/

news.bbc.co.uk/

postalmuseum.si.edu

quilometrosquecontam.com/

redhistoria.com/

santaclausvillage.info/

silentnight.web.za/

slate.com/human-interest/

territoriogastronomico.com/

The Christmas Encyclopedia - William D. Crump (Ed. McFarland)

The Solstice Evergreen: History, Folklore, and Origins of the
Christmas Tree - Sheryl Karas (Aslan Pub)

thomasnast.com/

todayinsci.com

Victoria and Albert Museum

Vuelve el listo que todo lo sabe - Alfred López (autoedición)

w110.bcn.cat/museufredericmares/

w2.vatican.va/content/vatican/it.html

www.abc.es/viajar-top/

www.abc.net.au/

www.aciprensa.com/

www.alcoi.org

www.annien.com/

www.bbc.com/

www.bekianavidad.com/

www.bne.es/

www.brama.com/

www.catholiccompany.com/

www.ccma.cat/324/

www.christmascarnivals.com/

www.cunavidad.com/

www.czechtourism.com/

www.dailymail.co.uk/

www.directoalpaladar.com

www.dw.de/

www.ecke.com/

www.ehowenespanol.com/

www.elalmanaque.com/

www.elmundo.es/ (Hemeroteca)

www.elpalilloleones.com/

www.english-heritage.org.uk/

www.europapress.es/

www.facciamoilpresepe.it/

www.fergusonplarre.com.au/

www.historicaleye.com/

www.historyextra.com/

www.hola.com/viajes/

www.holytrinitygerman.org

www.iceland.is/

www.ilpost.it/

www.jn.pt/

www.laloterianavidad.com/

www.lavanguardia.com

www.livinginthephilippines.com/

www.lorointavola.it/

www.lvivtoday.com.ua/

www.meinetanne.de/

www.mentalfloss.com

www.muyinteresante.es/

www.npr.org/

www.odditycentral.com/

www.ojosdepapel.com/

www.rae.es/

www.religionenlibertad.com/

www.romania-insider.com/

www.semana.com/cultura/
www.skyscanner.es/noticias/
www.smithsonianmag.com/
www.snopes.com/
www.stillenacht.info/
www.telegraph.co.uk/
www.thinkdonna.it/
www.thoughtco.com/
www.valenciabonita.es
www.venere.com/
www.vilaweb.cat/
www.whychristmas.com/
Ya está el listo que todo lo sabe - Alfred López (autoedición)

Más info y enlaces sobre el autor

Sigue disfrutando de las curiosidades de Alfred López a través de sus libros, redes sociales y blogs

Libros

Ya está el listo que todo lo sabe

Vuelve el listo que todo lo sabe

Ya está el listo que todo lo sabe de SEXO

Eso no estaba en mi libro de historia de la política

https://amzn.to/2WQLrlh

Blogs

Blog 'Ya está el listo que todo lo sabe': www.yaestaellisto.com

Blog 'Cuaderno de Historias' (Yahoo!):
http://bit.ly/CuadernoDeHistorias

Web personal

http://alfredlopez.info

Enlaces a todos sus artículos

https://linktr.ee/yaestaellistoquetodolosabe2

Redes sociales

Twitter: @yelqtls

Instagram: @yaestaellistoquetodolosabe2

Facebook: www.facebook.com/Yaestaellisto

Correo electrónico: libro@alfredlopez.info

Leo

Contents